ja, ICH GRILL!

GUIDO SCHMELICH

70 Rezepte ZUM NIEDERKNIEN MIT CRAFT-BEER-GUIDE

Ja, ICH GRILL!

EMF

EIN BUCH DER
EDITION MICHAEL FISCHER

Inhalt

FISH 111

VEGGIE 135

SWEETS 157

EIN HOCH AUF DIE
Bratwurst!

Ich glaube, ich war fünf oder sechs, als ich meine erste Wurst grillen durfte. Eine Rostbratwurst, wenn ich mich recht erinnere. Was anderes gab es bei uns sowieso nie. Seit den späten 70ern haben sich die Zeiten allerdings geändert. Gegrillt wird heutzutage so ziemlich alles. Vom Kuchen bis zur Pizza, Fisch, Fleisch, Gemüse – erlaubt ist, was geht, und das ist auch gut so!

Grillen gehört für mich auch heute noch zu den faszinierendsten Arten der Essenszubereitung. Das Feuer, die Hitze jenseits der ofenüblichen 250 °C, links die Grillzange, rechts das Bier, und ein bisschen gefährlich ist es sogar auch – was wäre die Welt ohne Nervenkitzel? Kurzum, ein Barbecue bietet alles, was man(n) als kochbegeisterter Foodie so braucht. Von den unvergessenen Sommerabenden unter freiem Himmel ganz zu schweigen.

Allerdings gehöre ich nicht unbedingt zu den Grillern, die das Ganze als eine Art „Religion" betrachten. Nichts gegen ein langsam gegartes 24-Stunden-Stück aus dem Smoker, mir persönlich ist das allerdings zu aufwendig. Wenn ich grille, möchte ich vor allem entspannen und mir eine gewisse Spontanität bewahren. Lustkochen im besten aller Sinne. So habe ich es immer gesehen. Und so wird es vermutlich auch immer bleiben.

Mit diesem Buch möchte ich Ihnen mein persönliches Best-Of präsentieren. Gerichte, die immer wieder bei mir auf dem Rost landen, ganz unabhängig von Wetter und Jahreszeit. Die Rubs, Glasuren und Marinaden sind im Handumdrehen zusammengemixt, exotische Zutaten sucht man vergeblich, und auch technisch werden Sie nie vor Herausforderungen gestellt, die nicht im Handumdrehen zu meistern sind. **Ja, ich grill** macht Sie zu einem Macher, so, wie Sie es von einem guten Kochbuch erwarten dürfen, egal ob Veggie, Fisch- oder Fleischliebhaber.

In diesem Sinne, ein Hoch auf die Rostbratwurst, deren Daseinsberechtigung ebenso unumstritten ist wie alles, was nach ihr kam.

Ihr Guido Schmelich

BASICS

GRILLEN

»Eine gute KÜCHE ist das
Fundament allen GLÜCKS.«

Georges Auguste Escoffier

DIE WICHTIGSTEN *Grills*

Die Entscheidung für einen bestimmten Grill sollte vor allem nach zwei Kriterien gefällt werden: Wie viel Platz haben Sie? Haben Sie einen Balkon oder einen Garten und wie sind die Nachbarn auf Grillqualm zu sprechen? Und: Was wollen Sie grillen, und welches Ergebnis wollen Sie erzielen?

| DER ELEKTROGRILL |

Der Elektrogrill ist besonders praktisch, wenn man auf dem Balkon oder sogar in der Wohnung grillen möchte. Man vermeidet Ärger mit empfindlichen Nachbarn, die keinen Rauch dulden. Er ist einfach zu handhaben, sofort einsatzbereit und lässt sich leicht reinigen. Die meisten Elektrogrills haben eine herausnehmbare Auffangschale, die sich einfach abspülen lässt. Auf die typischen Grillaromen muss man allerdings weitgehend verzichten, außerdem muss man bedenken, dass der Grill nur mit Stromanschluss funktioniert. Ein Ausflug in den Park ist damit also nicht möglich. Es gilt: Beim Kauf nicht zu knauserig sein, sonst hat der Grill womöglich zu wenig Leistung – etwa 2.000 Watt muss ein Elektrogrill schon liefern.

| DER GASGRILL |

Der Gasgrill ist „der Praktische". Keine Kohle zu schleppen, kein Rauch und kein Gezündel – dafür aber auch kein typisches Raucharoma wie beim Grillen mit Holzkohle oder Briketts. Dieses lässt sich nur mithilfe einer Räucherbox und speziellen Holzprodukten herbeiführen! Großer Vorteil: Lange Garzeiten mit gleichbleibenden Temperaturen sind kein Problem. Grillen mit Gas funktioniert im Prinzip wie Kochen am Gasherd: Das Gas strömt in den Grill bzw. in den Brenner und tritt durch kleine Öffnungen aus. Das Gas dafür kommt aus einer Gasflasche. Fast alle Gasgrills haben eine elektronische Zündung für sicheres Anzünden. Die Stärke der Brennflamme und damit die Temperatur lassen sich mit einem Drehknopf regeln. Ein Gasgrill ist schnell einsatzbereit, einfach angezündet und leicht zu reinigen. Dafür muss man den Grill auf höchster Stufe freibrennen, so verkohlen Fett und Speisereste. Dann kann man die Rückstände mit einer Grillbürste abbürsten. Wichtig ist es auch, ab und an die Fettauffangschale zu leeren.

|DER KONTAKTGRILL|

Der Kontaktgrill ist eine tolle Alternative zu gewöhnlichen Grills! Er kann auf dem Balkon oder auch in der Küche genutzt werden und ist sehr praktisch. Er wird kurz aufgeheizt, erzeugt recht hohe Temperaturen und ist schnell einsatzbereit. Ob klassisches Grillgut, Sandwiches, Gemüse oder Fisch und sogar Fladenbrot – all das macht der kleine Alleskönner mit. Mit einem hochwertigen Kontaktgrill wird das Grillgut außen gleichmäßig geröstet und bleibt innen saftig. Das lästige Wenden entfällt auch, weil das Fleisch zwischen Metallplatten platziert und so von oben und unten gleichzeitig geröstet wird. Allerdings ist auch hier ein Stromanschluss nötig und die klassischen Rauch-aromen stellen sich nicht ein. Die meisten Kontaktgrills sind eher klein und nicht für das Grillen für viele Personen ausgelegt, aber für zwei perfekt.

|DER HOLZKOHLEGRILL|

Der Holzkohlegrill ist der Klassiker unter den Grills! Er erzeugt ein einzigartiges Aroma und einen rauchigen Geschmack, so wie man sich das beim Grillen wünscht. Allerdings ist die Handhabung wesentlich aufwendiger als etwa bei einem Gas- oder Elektrogrill. Die Kohle muss erst einmal mit Grillanzünder, Heißluftföhn etc. auf die richtige Grilltemperatur gebracht werden. Das kostet Zeit und erzeugt mitunter einiges an Rauch. Auch die Temperatur ist schwer zu kontrollieren, und die Holzkohle hält sich nicht an einen Plan. Wer sich aber richtiges Grillfeeling und den unverwechselbaren Geschmack von Grillfleisch wünscht, ist hier richtig beraten! Zur Auswahl stehen simple Einfachgrills bis hin zu Luxusgrills für mehrere hundert Euro. Es gibt Kugelgrills für direktes und indirektes Grillen, Schwenkgrills mit großer Fläche und mehr. Am besten sind Grills aus Edelstahl oder Gusseisen, die unempfindlich gegen Rost sind und auch nach der ersten Grillsaison noch gut aussehen.

SINNVOLLES *Equipment*

Anzündkamin: Briketts oder Holzkohle können hiermit schnell und einfach zum Glühen gebracht werden.

Fischhalter: Lässt den Fisch auf dem Grill stehen, ist aber auch praktisch zum Räuchern.

Gemüsekorb: Korb (quadratisch oder rund) mit Löchern. Darin lässt sich Gemüse, aber auch Fleisch, direkt grillen.

Grillhandschuh: Zum Schutz der Hand ist ein Handschuh aus Leder beim Grillen oder feuerfestem Textil sehr zu empfehlen.

Grillkorb: Kleines Grillgut kann schnell und unkompliziert gewendet werden – noch praktischer mit Griff!

Grillplatte: Wenn auf dem Grill etwas gebraten werden soll, ist eine Grillplatte perfekt. Es gibt sie meist mit einer glatten und einer geriffelten Seite.

Grillschalen: Darin kann empfindliches Grillgut indirekt gegrillt werden. Außerdem können sie als Tropfschalen verwendet werden. Beim direkten Grillen verhindert eine Grillschale, dass Fleischsaft oder Öl in die Glut tropfen und möglicherweise schädliche Stoffe entstehen.

Grillthermometer: Um die Kerntemperatur zu bestimmen, ist ein Grillthermometer unverzichtbar.

Grillzange: Eine solide Zange zum Wenden von Grillgut.

Holzkohlekörbe: Um indirekt grillen zu können, sind Holzkohlekörbe eine praktische Anschaffung. Sie werden mit den glühenden Kohlen oder Briketts befüllt und an der richtigen Stelle im Grill platziert. So lässt sich die Position der direkten Hitze leicht verschieben.

Kohlezange: Zum Nachlegen von Kohlen, Briketts oder Holz. So macht man sich nicht schmutzig und bleibt in sicherer Entfernung zum Feuer.

Pizzastein: Pizza gelingt bei hoher Hitze am besten, deshalb ist Pizza auf dem Grill mit einem Pizzastein aus Schamott einfach perfekt.

Pökelspritze: Um Marinaden oder Salzlaken ins Fleisch zu spritzen.

Räucherbox: Mit Räuchermaterial gefüllt, aromatisiert sie das Grillgut. Sie sollte aus Edelstahl oder Gusseisen bestehen.

Räucherschale: Genauso wie die Räucherbox zum Aromatisieren von Grillgut, allerdings wird sie direkt auf die Glut platziert.

Spieße: Aus Holz oder Metall, Holzspieße am besten vor Benutzung etwa 2 Stunden in Wasser einweichen.

Grill
METHODEN

|DIREKTES GRILLEN|

Direktes Grillen ist die klassischste aller Grillmethoden - jedoch nicht ganz ohne Tücken! Das Grillgut wird auf dem Rost direkt über der Hitze platziert und gegrillt, sodass sich die typischen Röstaromen entwickeln. Bei dieser Methode bleibt man am besten in der Nähe des Grills, denn das Grillgut wird hier manchmal schneller schwarz als erwartet. Für das direkte Grillen eignen sich Stücke, die nicht länger als 20–30 Minuten brauchen, zum Beispiel Steaks, Geflügel, Fisch oder Bratwürste. Weil das Grillgut direkter Hitze ausgesetzt ist, bildet sich schnell eine Kruste. Um das Essen dann auch noch gar zu bekommen, kann man mit zwei Hitzezonen arbeiten, eine für die direkte Hitze und eine mit geringerer Hitze. Wenn das Fleisch dann gut ist/gegart ist, lassen Sie es gegebenenfalls ein paar Minuten ruhen, bevor Sie es anschneiden. Dann kann es sich entspannen, und es läuft nicht zu viel Saft heraus.

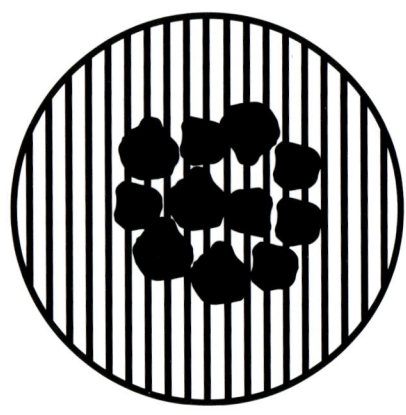

|INDIREKTES GRILLEN|

Beim indirekten Grillen liegt das Grillgut nicht direkt über der Glut. Die Kohlen werden so angeordnet, dass sie nicht unter dem gesamten Grillrost liegen. Für diese Technik brauchen Sie möglichst einen Grill mit Deckel und eine Tropfschale. Perfekt ist ein Kugelgrill. Das indirekte Grillen eignet sich besonders, um dickere Stücke und Grillgut zu grillen, das länger braucht, um gar zu werden. Die Hitze ist hier nicht so intensiv, und wenn der Deckel geschlossen wird, zirkuliert die Hitze, das Grillgut wird sanft von allen Seiten gegart und verbrennt nicht so schnell. Die Tropfschale stellt man, mit Wasser gefüllt, unter das Grillgut, so verhindert man den Kontakt von Fett zur Glut und erzeugt eine gewisse Luftfeuchtigkeit im geschlossenen Grill, die das Fleisch saftig hält. Das ist vor allem bei großen Stücken relevant. Man kann natürlich auch indirekt grillen, indem man Gerichte auf dem Grill in Alufolie, Pergament, im Topf oder Ähnlichem gart. So kann das Grillgut bei direkter Hitze auf dem Grill indirekt gegrillt werden. Dann muss man allerdings weitgehend auf Röstaromen verzichten. Wenn man unterschiedliche Arten von Grillgut grillen möchte, ist eine Kombination aus beiden Grilltechniken optimal. Man kann die Kohle zum Beispiel rechts und links platzieren und in der Mitte Platz lassen. Dann hat man an den Seiten direkte Hitze und in der Mitte indirekte Hitze und kann zwischen den beiden Grilltechniken wechseln.

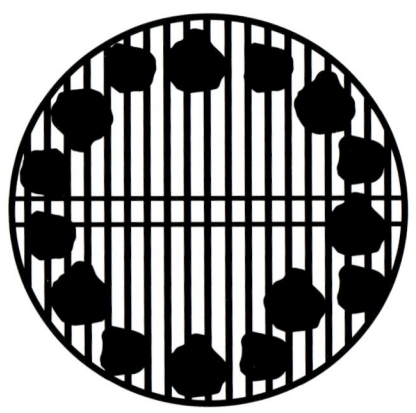

|SMOKEN UND RÄUCHERN|

Ein echtes amerikanisches Barbecue gibt es nicht ohne Smoken! Um diese Technik richtig umzusetzen, braucht man einen Smoker. Bei einem Smoker wird die Glut nicht direkt unter dem Grillgut platziert, sondern in einer danebenliegenden Kammer, der Brennkammer. Das Fleisch wird also indirekt und schonend durch den Rauch und die Hitze gegart, die von der Brennkammer in die Garkammer ziehen. Wenn Sie keinen Smoker zu Hause haben, können Sie auch mit Holzchips und einer Räucherbox arbeiten, die man einfach in den Kugelgrill stellen kann. Hier ist gutes Timing gefragt: Das Grillgut sollte erst auf den Grill gelegt werden, wenn der Rauch sich voll entfaltet hat!

FÜR DIE REZEPTE

Bei den folgenden Rezepten wird nicht angegeben, welcher Grill genutzt werden muss, sondern welche Temperatur und welche Grillmethode gebraucht wird. So sehen Sie auf einen Blick, ob das Rezept für Ihren Grill geeignet ist. Direktes Grillen klappt mit jedem Grill, beim indirekten Grillen muss es möglich sein, eine indirekte Zone einzurichten. Um die Temperatur messen zu können, ist ein Grillthermometer sehr praktisch und garantiert das Gelingen der Gerichte.

Kerntemperaturen

Um Fleisch und Fisch perfekt zu grillen, brauchen Sie ein Grillthermometer und die folgende Tabelle mit der Information für die richtige Kerntemperatur der verschiedenen Fleisch- und Fischstücke!

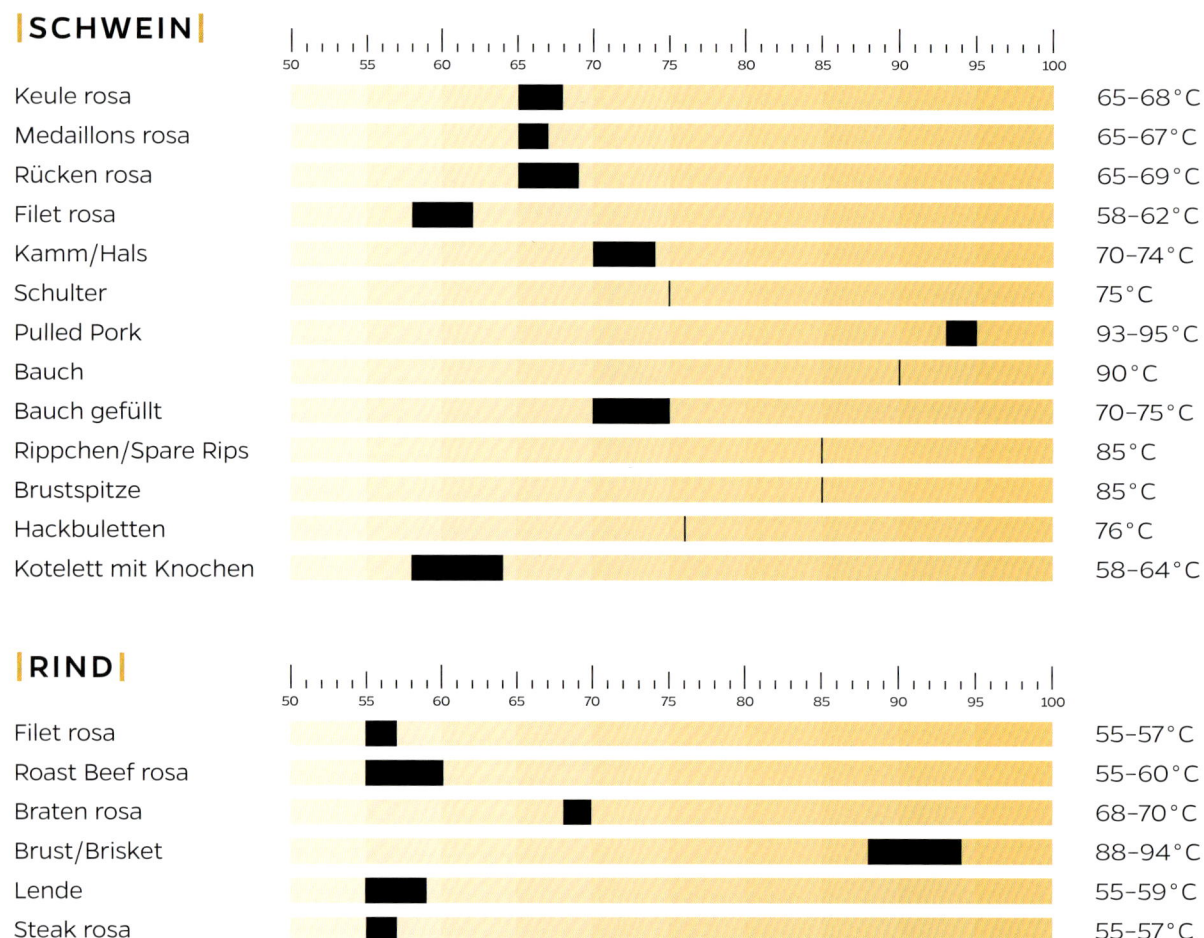

SCHWEIN

Keule rosa	65–68 °C
Medaillons rosa	65–67 °C
Rücken rosa	65–69 °C
Filet rosa	58–62 °C
Kamm/Hals	70–74 °C
Schulter	75 °C
Pulled Pork	93–95 °C
Bauch	90 °C
Bauch gefüllt	70–75 °C
Rippchen/Spare Rips	85 °C
Brustspitze	85 °C
Hackbuletten	76 °C
Kotelett mit Knochen	58–64 °C

RIND

Filet rosa	55–57 °C
Roast Beef rosa	55–60 °C
Braten rosa	68–70 °C
Brust/Brisket	88–94 °C
Lende	55–59 °C
Steak rosa	55–57 °C

|KALB|

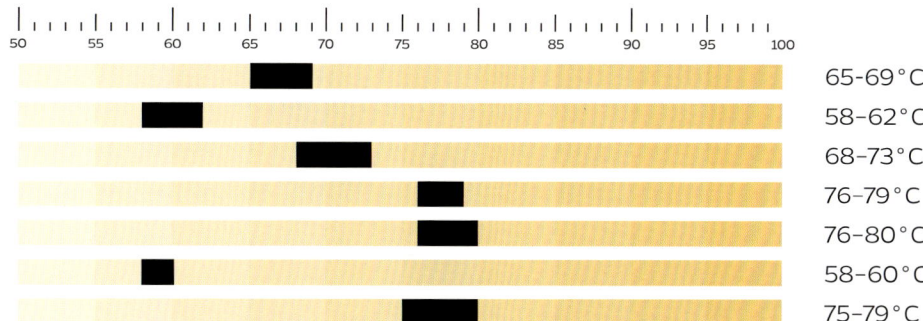

Rücken rosa	65-69°C
Filet	58–62°C
Braten	68–73°C
Brust	76–79°C
Brust gefüllt	76–80°C
Lende	58–60°C
Schulter	75–79°C

|GEFLÜGEL|

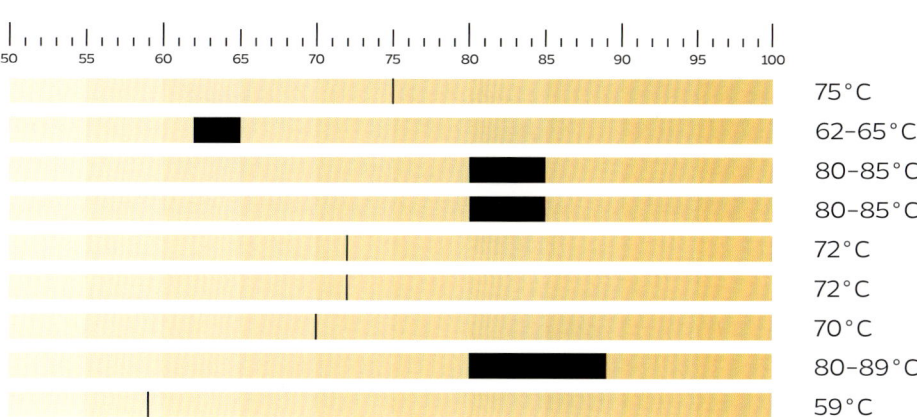

Ente ganz	75°C
Entenbrust rosa	62–65°C
Hähnchen ganz	80–85°C
Maispoularde ganz	80–85°C
Hähnchenbrust	72°C
Poulardenbrust	72°C
Perlhuhnbrust	70°C
Pute ganz	80–89°C
Straußensteak	59°C

|LAMM|

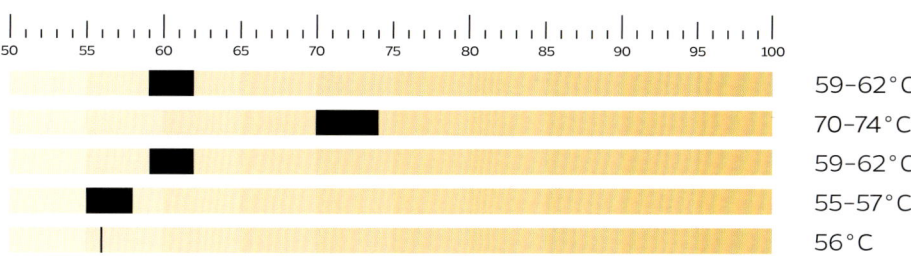

Keule rosa	59–62°C
Keule fast durch	70–74°C
Rücken rosa	59–62°C
Karree rosa	55–57°C
Kotelett	56°C

|FISCH|

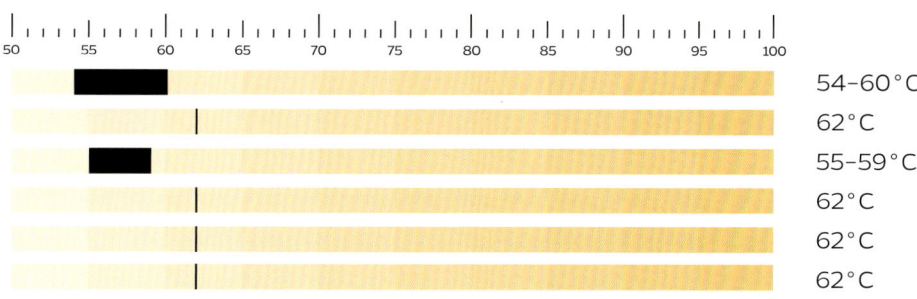

Lachs	54–60°C
Zander	62°C
Seeteufel glasig	55–59°C
Seeteufel	62°C
Doraden ganz	62°C
Wolfsbarsch ganz	62°C

CRAFT-BEER-GUIDE

»BIER ist nicht bloß
ein Lebensmittel, es ist
LEBENSQUALITÄT.«

Professor Jean Titze

Bier HERSTELLUNG

VON PROFESSOR VLADIMIR ILBERG

Seit Hunderten von Jahren verwenden Brauer bei der Herstellung von Bier immer noch genau die Rohstoffe, die das deutsche Reinheitsgebot für das Bierbrauen, das im Wesentlichen das Bayerische Reinheitsgebot aus dem Jahre 1516 wiederholt, vorschreibt. Danach kommen nur ganze vier Zutaten ins Bier: Wasser, Malz, Hopfen und Hefe.

Doch wie entsteht nun ein Bier nach Reinheitsgebot, also ein Getränk, das alkoholisch vergoren ist? Es geht darum, die Inhaltsstoffe der Zutaten in Lösung zu bringen, insbesondere den Zucker, welcher von der Hefe später zu Alkohol vergoren wird. Als Ausgangsstoff dient die Stärke, welche im sogenannten Mehlkörper des Malzes enthalten ist.

|WAS IST EIGENTLICH MALZ?|

Vereinfacht gesagt, ist Malz ein in Wasser eingeweichtes und zum Keimen gebrachtes Getreide, das anschließend wieder getrocknet (gedarrt) wird. Durch das Keimen reichert sich das Getreide (überwiegend Gerste oder Weizen) mit Enzymen an. Tatsächlich ist hier sehr viel Wissen und Erfahrung des Mälzers erforderlich, um die verschiedensten Malzsorten, wie helles Malz, dunkles Malz oder auch Rauchmalz für die verschiedensten Biersorten herzustellen. Das Mälzen legt den Grundstein für den späteren Biertyp.

Bei hellen Biersorten, wie Pils, ist wenig Farbe beim Malz erwünscht. Für dunkle Biere hingegen braucht man unbedingt Farbe und Aromen, die später dem Bier seinen typischen Charakter verleihen. Der Mälzer sorgt dafür, dass die Stärke und das Eiweiß, das im Korn als Speicherstoff enthalten ist, aus denen eigentlich die neue Pflanze entstehen soll, zum Teil in ihre kleinsten Bausteine abgebaut wird. So wie sich ein Haus aus lauter Ziegelsteinen zusammensetzt, besteht Eiweiß aus einzelnen Aminosäuren (etwa 20 verschiedene) und Stärke aus Traubenzuckern. Bei höheren Temperaturen (etwa ab 90 °C und erheblich schneller ab etwa 140 °C) können Aminosäuren und Zucker miteinander reagieren und sowohl Farbe als auch Aromen bilden. Vergleichen lässt sich dieser Vorgang mit dem Backen eines Kuchens oder dem Grillen von Fleisch. Das Fleisch wird schön braun und riecht aromatisch, der Kuchen ebenso.

|WAS MACHT DER BRAUER MIT DEM MALZ?|

Das Malz wird zerkleinert (geschrotet) und mit Wasser einer bestimmten Temperatur vermischt. Es entsteht eine breiähnliche Masse (Maische), die für festgelegte Zeiten bei bestimmten Temperaturen anschließend gerührt wird. Dabei werden die beim Mälzungsprozess noch nicht abgebauten („zerkleinerten") Korninhaltsstoffe in ihre Einzelteile zerlegt. Am wichtigsten ist hier die Umwandlung der Stärke in für die Hefe vergärbaren, kleinen Zuckereinheiten, vorwiegend Maltose (zwei miteinander verbundene Traubenzucker). Dies geschieht bei Temperaturen von etwa 62 °C und anschließend bei 72 °C. Die Umwandlung erfolgt durch Enzyme, die der Mälzer im Korn „angereichert" hat. Enzyme kommen in der Nahrung, aber auch in unserem Körper vor. Kaut man sehr lange auf einem Stück Brot, wird es mit der Zeit süßlich, da die Enzyme in unserem Speichel die Stärke aus dem Brot zu Zucker abbauen. Das Maischen stellt den wesentlichen Extraktionsprozess bei der Bierbereitung dar. Nicht alle Inhaltsstoffe des Malzes gehen dabei in Lösung.

Daher muss im nächsten Schritt die Flüssigphase mit den gelösten Inhaltsstoffen von den unlöslichen Stoffen (Feststoffe der Maische) im Läuterbottich (das größte Gefäß im Sudhaus) getrennt werden. Das Läutern ist somit ein Filtrationsprozess.

Die dabei gewonnene Würze wird anschließend in die „Würzepfanne" gepumpt und zum Kochen gebracht. Im Übrigen geht das Wort „Brauen" auf den germanischen Ausdruck „breww–a–" bzw. auf den indogermanischen Ausdruck „bhru–" zurück und bedeutet „wallen, sieden, aufkochen". Der Kochvorgang stellt somit den Kernprozess bei der Bierbereitung dar.
Hier wird auch zu ganz bestimmten Zeiten der Hopfen zugegeben – auch als „Seele" des Biers bezeichnet. Dabei wird ein Inhaltsstoff des Hopfens, der überwiegend für das sortentypische, erwünschte Bittere des Biers verantwortlich ist, die Alpha-Säure (α-Säure), mithilfe der Kochtemperatur in seine lösliche Form (Iso-α-Säure) umgewandelt. Dieser sogenannte Isomerisierungs-Prozess dauert einige Zeit. Leider gehen dabei die angenehmen und erwünschten Aromastoffe des Hopfens durch Ausdampfen verloren, da diese leicht flüchtig sind. Dieser entstehende Geruch beim Würzekochen ist typisch für jede Brauerei. Um so viel gutes Hopfenaroma wie möglich ins Bier zu bekommen, macht der Brauer mehrere Hopfengaben, zu Beginn des Kochens für die Bittere des Biers und später für das Hopfenaroma.

Durch die Hopfengaben werden wieder unlösliche Stoffe in die Würze eingebracht. Daneben fallen auch

ein paar Eiweiße in der Hitze aus. Diese müssen nach dem Kochen abgetrennt werden, indem die Würze in einen „Whirlpool" gepumpt wird. Dort wird sie in Rotation gebracht. Das heißt, sie dreht sich, ähnlich wie Tee in einer Tasse, wenn man ihn mit dem Löffel umrührt. Was hierbei bei Teeblättern beobachtet werden kann, wenn kein Teebeutel verwendet wird, geschieht mit den Feststoffen der Würze (durch die Hitze ausgeflocktes (denaturiertes) Eiweiß und Bestandteile des Hopfens). Die Feststoffe sammeln sich durch die Rotation in der Mitte des Whirlpools, und die klare Würze kann gewonnen werden.

Abschließend muss die noch heiße Würze abgekühlt werden, um die ausgewählte Hefe zuzugeben.

WELCHE HEFEN GIBT ES?

Hefe ist nicht gleich Hefe. So haben beispielsweise Bäcker, Winzer oder auch Brauer mit der Zeit viele verschiedene Hefen „gefunden", die besondere Eigenschaften besitzen und maßgeblich das fertige Produkt beeinflussen. Bei den nahezu unendlich vielen Stämmen, aus denen der Brauer wählen kann, werden generell zwei Arten unterschieden: obergärige und untergärige Hefe. Allgemein vermehren sich die Hefen durch die sogenannte Sprossung. Dabei wird von der Mutterzelle eine Art „Ausstülpung" gebildet, die immer größer wird und aus der am Ende durch Teilung eine Tochterzelle entsteht. Bei untergärigen Hefen erfolgt eine vollständige Teilung und Mutter und Tochter gehen „getrennte Wege". Bei den obergärigen Hefen haften nach der Sprossung Mutter und Tochterzelle zusammen und bilden einen Sprossverband. Neben dieser Eigenart haben ober- und untergärige Hefen verschiedene Eigenschaften und beeinflussen maßgeblich den Geschmack des Biers. Obergärige Hefen lieben etwas höhere Temperaturen und produzieren mehr Gärungsnebenprodukte. Die Biere sind fruchtiger als untergärige Biere. So kann man bei einem Weißbier sogar Banane riechen. Solche Fruchtaromen sind bei einem Pils aber nicht erwünscht und deshalb werden hier untergärige Hefen verwendet. Der überwiegende Anteil der weltweit produzierten Biere ist untergärig.

Die beiden Hefearten

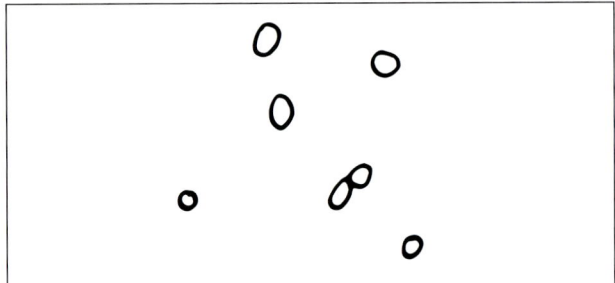

- ⚫ untergärig
- ⚫ keine Sprossverbände
- ⚫ setzt sich bei Gärung ab
- ⚫ niedrige Temperaturen

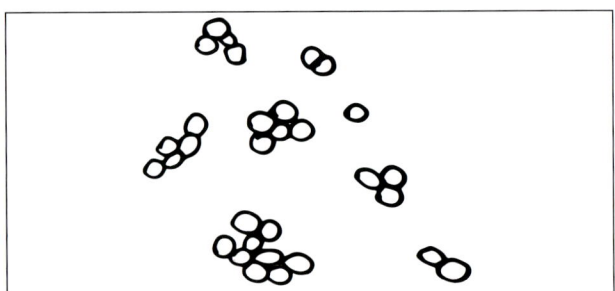

- ⚫ obergärig
- ⚫ Sprossverbände
- ⚫ steigt bei Gärung auf
- ⚫ höhere Temperaturen

WAS GESCHIEHT BEI DER GÄRUNG GENAU?

Die Hefe nimmt die vergärbaren Zucker der Würze auf und vergärt diese zu Alkohol und Kohlenstoffdioxid (CO_2), welches durch aufsteigende Gasbläschen beobachtet werden kann. Bei obergäriger Hefe sammeln sich diese Gasbläschen unter den Sprossverbänden, und die Hefe steigt während der Gärung nach oben, obergärig! Die untergärige Hefe (keine Sprossverbände) setzt sich hingegen langsam nach unten ab (untergärig). Diese Hauptgärung dauert etwa eine Woche. Anschließend wird das Bier (je nach Brauerei und Biertyp) noch einige Wochen bis sogar Monate durch Lagerung gereift. Dabei bilden sich noch für den Geschmack relevante höhere Alkohole und Ester.

WAS BEDEUTET „KALT GEHOPFT" ODER „HOPFENSTOPFEN"?

Da beim Kochen der Würze sehr viel Hopfenaroma verlorengeht, geben einige Brauer Hopfen zusätzlich auch später während der Lagerung hinzu. Dabei lösen sich auch bei der Kälte (Lagertemperatur teilweise leicht unter 0 °C!) noch einige Aromastoffe des Hopfens, und da sie nicht mehr entweichen können, verbleiben sie weitestgehend im Bier. So entstehen die insbesondere bei Craft Beer sehr ausgeprägten Hopfennoten.

Am Ende der Lagerung kann das Bier noch stabilisiert und filtriert werden. Dabei werden Trübstoffe und Hefe abgetrennt. Das Bier ist danach klar. Es kann aber auch unfiltriert, also mit Hefe, in die Flasche abgefüllt werden. Unfiltrierte Biere sind meist nicht so lange haltbar wie filtrierte Biere.

DER *Brauprozess*

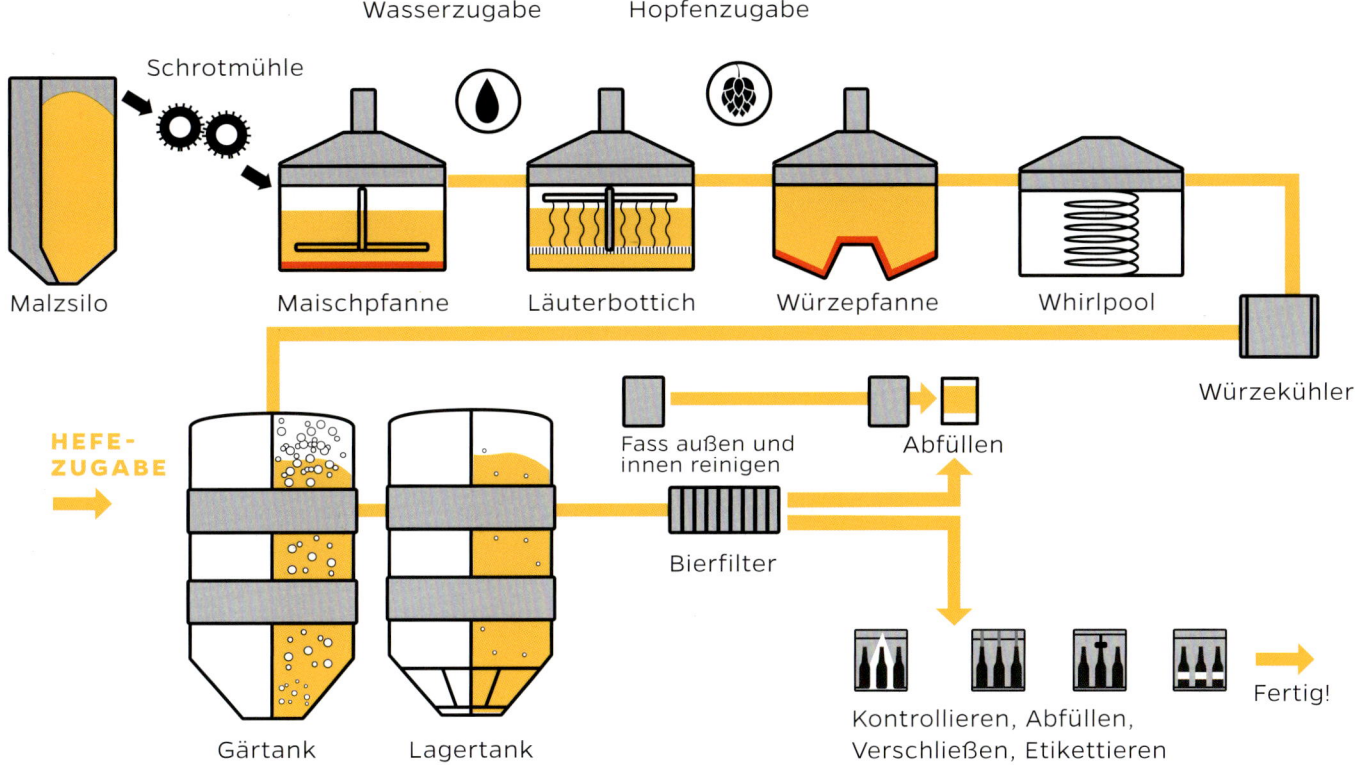

Schrotmühle   Wasserzugabe   Hopfenzugabe

Malzsilo   Maischpfanne   Läuterbottich   Würzepfanne   Whirlpool   Würzekühler

HEFE-ZUGABE

Gärtank   Lagertank   Bierfilter   Fass außen und innen reinigen   Abfüllen

Kontrollieren, Abfüllen, Verschließen, Etikettieren   Fertig!

URSPRUNG UND ENTWICKLUNG
des Craft Beers

VON PROFESSOR JEAN TITZE

Die Brauindustrie blickt auf eine bewegte Geschichte zurück. Nach dem Zweiten Weltkrieg war der Markt zunächst von Mangelwirtschaft geprägt. Diese ermöglichte für viele traditionelle Brauereien eine Expansionsphase, die aber Mitte der 60er-Jahre in eine Reifephase mündete. Zwischen 1977 und 1985 stellte sich schließlich eine Stagnation ein, gefolgt von einer Phase des Rückganges und der Konsolidierung des Biermarktes. Diesen kompletten Wandel vom Verkäufer- zum Käufermarkt verkannten viele bis dahin groß gewordene Brauereien. Heute sind sie vom Markt verschwunden oder bedeutungslos geworden. Andere, damals noch kleine Betriebe erkannten die Veränderungen und gehören jetzt zu den großen der deutschen Brauindustrie. Neben dem Marktwandel sind auch noch weitere Gründe für den Rückgang von Brauereien zu benennen. Allem voran ist ein verändertes Verbraucherverhalten für den stetig sinkenden Pro-Kopf-Verbrauch an Bier verantwortlich.

Die wichtigsten Erfolgsfaktoren einer Brauerei sind, einerseits qualitativ hochwertiges Bier zu brauen und andererseits dieses Produkt erfolgreich zur verkaufen. Es gilt also, Alleinstellungsmerkmale für die jeweilige Marke deutlicher herauszuarbeiten, um Einzigartigkeit zu schaffen. Eine Marke ist jedoch nicht nur Kommunikation, sondern das Ergebnis vieler Leistungsfaktoren, wie Produktqualität, Preis, Konditionen, Service und Verkaufspolitik.

Dabei darf nie vergessen werden, dass die objektive Produktqualität die unabdingbare Voraussetzung für einen erfolgreichen Markenauftritt darstellt. Denn die Produktstabilität ist die zentrale Voraussetzung für Qualität. Ihre Gewährleistung ist allerdings schwierig, da Bier ganz oder teilweise aus Naturprodukten bzw. natürlichen Rohstoffen besteht, die ernte-, klima- und witterungsbedingten Einflüssen unterliegen. Des Weiteren ist Bier keine Konserve, und das Produkt unterliegt wie viele Lebensmittel natürlichen Alterungsprozessen. Die Garantie der chemisch-physikalischen und mikrobiologischen Stabilität sowie der sensorischen Stabilität bildet hierzu die Qualitätsgrundlage. Besonders der Alterungsaspekt des Biers gewinnt in der heutigen Zeit angesichts zunehmender Standzeiten in Handel und Getränkeabholmärkten an Bedeutung.

|EINHEITSBIER FÜR JEDERMANN|

Stand unmittelbar nach dem Zweiten Weltkrieg die Versorgung der Bevölkerung mit Nahrung im Vordergrund, gewannen mit Beginn der Wirtschaftswunderjahre Biergeschmack und -marke zunehmend an Bedeutung. Während noch vor 20 Jahren allein die Bierqualität einen Wettbewerbsvorteil darstellte, ist sie heute lediglich die unabdingbare Voraussetzung für ein Bestehen am Markt. Ziel vieler Großbrauereien war es daher, mit ihrem Biergeschmack möglichst viele potenzielle Kunden zu erreichen. Man versuchte, den Geschmäckern von Nord- bis Süddeutschland mit einem einzigen Biertyp gerecht zu werden. Diese Entwicklung führte zwangsläufig zur Vereinheitlichung und Austauschbarkeit von Bierprodukten.

|KREATIVBRAUER IN DEN USA|

In den Jahren nach der Prohibition (landesweites Verbot der Herstellung und des Verkaufs von Alkohol 1920–1933) führte diese Tendenz auch in den Vereinigten Staaten dazu, dass sich ein Einheitsbier auf dem Markt etablierte. Zeitgleich schrumpfte Ende der 70er-Jahre die Zahl der Brauereien in Amerika auf weit unter hundert. Nur eine Handvoll große Brauunternehmen beherrschten den gesamten amerikanischen Markt. Doch mit der Zeit hatten die Amerikaner den Einheitsgeschmack satt, und die allgemeine Verbrauchererwartung an ein gutes Bier stieg. Dadurch konnte sich vor etwa 30 Jahren die Bewegung der Kreativbrauer – in den USA als Craft Brewer bezeichnet – formieren und den Marktführern rasch Anteile streitig machen. Mittlerweile ist schon etwas mehr als jedes zehnte in den Vereinigten Staaten gezapfte Bier ein Craft Beer.

Vieles, was in Amerika erfolgreich wurde, entstammt – wie auch die Geschichte dieser Bewegung – einer Garage. Die Kreativbrauer, oft Hobbybrauer, distanzierten sich bewusst geschmacklich von dem klassischen American Lager. Solche Heimbrauer animierten immer mehr Menschen, eigene, kleine Brauereien zu gründen. Gewaltige Hopfenmengen, die oft während der kalten Lagerung gegeben werden, prägen heute in den USA eine Vielfalt an aromaintensiven Bieren und besonderen Bierspezialitäten.

|CRAFT BEER IN DEUTSCHLAND|

Zunächst lässt sich zwischen der amerikanischen Trendbezeichnung des Craft Beers und der deutschen Brautradition kein Zusammenhang erkennen. Das Wort „Craft" steht für Handwerk. Gemäß dieser Übersetzung existiert „handwerkliches Bier" in Deutschland bereits seit mehr als 1000 Jahren. 6000 unterschiedliche Biermarken, gebraut in über 1400 deutschen Brauereien, stehen anders als in den Staaten seit jeher für eine enorme Biervielfalt. Bei der ganzen Aufregung um die neuen Bierkompositionen, basierend auf meist klassischen Bierstilen der amerikanischen Craftbrauer, bleibt außen vor, dass Brauer in Deutschland sich seit jeher der Braukunst verschrieben und ihr Handwerk von der Pike auf gelernt haben. Für amerikanische Bierfreunde, die sich vom US-Einheitsbier abgewandt hatten, gilt die deutsche Braukunst seit Langem als Vorbild. Deutsches Bier ist der Inbegriff für Genuss und Qualität und wurde schon damals in den USA als Spezialität gehandelt.

|CRAFT BEER VERSUS FERNSEHBIER|

Bier, das die strengen Haltbarkeitskriterien des Handels sowie des Exportgeschäfts erfüllt, kann geschmacklich nicht mit aromaintensivem, frisch gebrautem und wenig bis gar nicht filtriertem oder stabilisiertem Craft Beer mithalten. Im Umkehrschluss sind die meisten Craft Beere spätestens nach einem halben Jahr aufgrund der entstandenen Alterungskomponenten ungenießbar. Beide Arten von Bier erfüllen daher unterschiedliche produktspezifische Anforderungen, was intensiven Geschmack und Haltbarkeit anbelangt. Sicherlich liegt die Wahrheit in der Mitte. Trinkfertiges Bier sollte grundsätzlich als frisches Produkt konsumiert werden und taugt im Gegensatz zum Wein nicht, im Keller oder anderswo lange gelagert zu werden.

Möchte der Kunde mehr Auswahl an geschmacklich spannenden Bieren im Supermarkt, muss er zum einem wieder bereit sein, sowohl kürzere Haltbarkeiten in Kauf zu nehmen als auch höhere Preise zu akzeptieren. Es sei aber erwähnt, dass es immer noch viele kleine mittelständische Brauereien in Deutschland gibt, die geschmacklich herausragende Biere mit moderaten Haltbarkeiten herstellen und erfolgreich am Markt vertreiben.

ENTSPRICHT CRAFT BEER DEM REINHEITSGEBOT?

Im April 1516 wurde unter Vorsitz von Herzog Wilhelm IV. in Ingolstadt das Reinheitsgebot für ganz Bayern erlassen, welches zur Herstellung des Biers nur Gerste, Hopfen und Wasser erlaubt. Mehr oder weniger kontinuierlich wurde versucht, diesen Grundgedanken in nachfolgenden Gesetzen fortzuschreiben, deren Wirkungsbreite sich immer weiter ausdehnte. Noch heute muss deutsches Bier in der Bundesrepublik Deutsch-

land laut Gesetz ausschließlich aus Malz, Hopfen, Hefe und Wasser hergestellt werden.

Im Zuge der Craft-Beer-Bewegung experimentieren immer mehr Brauer außerhalb des deutschen Reinheitsgebots auch hierzulande mit Gewürzen und Früchten. Aber eigentlich gibt es das irreführend mit dem ursprünglichen „Reinheitsgebot" gleichgesetzte Biersteuergesetz gar nicht mehr. 1987 wurde seine Anwendung auf ausländische Biere für unvereinbar mit dem EU-Recht erklärt, wobei sich die deutschen Brauer dennoch verpflichten, weiterhin danach zu brauen. Ebenfalls entschied das Bundesverwaltungsgericht, dass die Beschränkung deutscher Brauer auf das Reinheitsgebot als Inländerdiskriminierung deren Berufsfreiheit unzulässig einschränke, sodass für „besondere Biere" mit weiteren aromatisierenden Zutaten, solange diese keine Malzersatzstoffe sind, eine Ausnahmegenehmigung zu erteilen sei. Wenn es sich also um besondere Biere nach traditioneller Herstellungsart handelt, können diese nach erteilter Genehmigung auch in Deutschland hergestellt und sogar bei bestimmten Spezialbieren mit Zusatzstoffen bereitet werden. Durch diese Regelungen entsteht auch in Deutschland eine Vielfalt neuer Biersorten.

Doch selbst Bier, das nach Reinheitsgebot gebraut wird, kann unterschiedliche Geschmacksrichtungen aufweisen. Mit unterschiedlichen Sorten an Malz, Hopfen und Hefe können auch so bemerkenswerte Unterschiede im Geschmack erreicht werden.

DIE BIER STILE

Biersorten gibt es viele – hier bekommen Sie einen kleinen Überblick zumindest über 15 verschiedene Biersorten und ihre Eigenschaften! Sie wurden nach ihrer Verfügbarkeit im deutschsprachigen Raum und ihrer Beliebtheit ausgewählt. Zu jedem Rezept gibt es eine Bierempfehlung, die Sie hier genauer nachlesen können. Generell gilt: Leichtes helles Bier geht mit leichteren Gerichten, dunkles Bier mit schwereren Gerichten, ähnlich wie bei Weiß- und Rotwein.

2. BERLINER WEISSE

GLASWAHL

FARBE
strohig-hell bis goldgelb, naturtrüb

CHARAKTER
blumig, angenehm säuerlich, fruchtaromatisch

GÄRUNG
obergärig

ALKOHOLGEHALT
2–3 (2,7–2,8) Vol.-%

SPEISEN : Salat, Fisch, Geflügel, Süßspeisen

1. ALT

GLASWAHL

FARBE
dunkel bernsteinfarbig, klar

CHARAKTER
angenehm bitter, herzhaft, auch rustikal

GÄRUNG
obergärig

ALKOHOLGEHALT
4,8–5,0 Vol.-%

SPEISEN : Ente, Lamm, Rind, Leber, Schwein, schwerer Nachtisch

3. BOCK, DUNKEL

GLASWAHL

FARBE
dunkle Kupferfarbe, blank

CHARAKTER
vollmundig, malzbetont, feine Hopfennote

GÄRUNG
untergärig

ALKOHOLGEHALT
6,0–8,0 Vol.-%

SPEISEN : Schweinebraten, Lamm, Rind, kräftig gewürzte Speisen, Nachspeisen mit Schokolade

4.

EISBOCK

GLASWAHL

FARBE
rötlich, bräunlich, naturtrüb

CHARAKTER
malzige Süße

GÄRUNG
untergärig

ALKOHOLGEHALT
(>7) 8,6–14,3 Vol.-%

SPEISEN Lamm, Süßspeisen, Nachtisch

6.

KÖLSCH

GLASWAHL

FARBE
goldgelb, blank

CHARAKTER
teilweise angenehm blumig oder fruchtig, angenehm herb

GÄRUNG
obergärig

ALKOHOLGEHALT
4,6–5,1 Vol.-%

SPEISEN Salat, Gemüse, Fisch, Geflügel

5.

IPA

GLASWAHL

FARBE
kupferfarben, filtriert/ naturtrüb

CHARAKTER
starke Hopfennote, fruchtige Aromen wie Maracuja und Papaya

GÄRUNG
obergärig

ALKOHOLGEHALT
6–10 Vol.-%

SPEISEN kräftiger, intensiver Käse, Ente, Lamm, scharfe Speisen

7.

KRISTALLWEIZEN

GLASWAHL

FARBE
kräftiges Gelb, kristallklar

CHARAKTER
weizenaromatisch, teilweise angenehm blumig oder fruchtig

GÄRUNG
obergärig

ALKOHOLGEHALT
4,5–5,5 Vol.-%

SPEISEN Salat, Gemüse, Fisch, Geflügel, Sushi, Obst, Nachtisch

8. LEICHTES WEISSBIER/ WEIZENSCHANKBIER

GLASWAHL

FARBE
mittleres Gelb, naturtrüb

CHARAKTER
spritzig, hefearomatisch

GÄRUNG
obergärig

ALKOHOLGEHALT
2,5–3,5 Vol.-%

SPEISEN : Salat, Fisch, Geflügel, leichte Pasta, Sushi, Gemüse, Obst

10. HELL/LAGER

GLASWAHL

FARBE
helles Gelb, blank

CHARAKTER
feinwürzig, leicht, vollmundig, mild

GÄRUNG
untergärig

ALKOHOLGEHALT
4,5–5,5 Vol.-%

SPEISEN : Schweinebraten, Kalbfleisch, Wurst, Pute

9. PILS

GLASWAHL

FARBE
sehr helles Gelb, glanzfein

CHARAKTER
ausgeprägte, feinherbe Hopfenbittere, schlank

GÄRUNG
untergärig

ALKOHOLGEHALT
4,0–5,5 Vol.-%

SPEISEN : Bratwurst, Burger, Apfelstrudel, Nachtisch, Eiscreme

11. RAUCHBIER

GLASWAHL

FARBE
goldgelb bis helles Braun, filtriert/naturtrüb

CHARAKTER
vollmundig und rauchig

GÄRUNG
untergärig

ALKOHOLGEHALT
5,0–6,0 Vol.-%

SPEISEN : Lamm, Rind, kräftig gewürzte Speisen, Schwein, stark gegrilltes Fleisch

12. SCHWARZBIER

GLASWAHL

FARBE
kräftiges Braun bis
Schwarz, blank

CHARAKTER
röstaromatisch,
leicht malzaromatisch,
hopfenbitter, süffig

GÄRUNG	**ALKOHOLGEHALT**
untergärig	5,0–5,5 Vol.-%

SPEISEN : Rind, Lamm, Schwein, Steak,
stark gewürzte Speisen

14. WEISSBIER ◆ CASCADE

GLASWAHL

FARBE
trüb mit Hefebodensatz,
naturtrüb

CHARAKTER
weizenaromatisch, fruchtig,
hopfenaromatisch, frische
Hefenote, Citrusaroma,
leicht malzaromatisch

GÄRUNG	**ALKOHOLGEHALT**
obergärig	4,0–5,5 Vol.-%

SPEISEN : Ente, kräftiger Käse, Fisch,
Leber, Geflügel, Obst

13. STOUT

GLASWAHL

FARBE
tiefes Schwarz, klar

CHARAKTER
röstaromatisch,
strenge Bittere

GÄRUNG	**ALKOHOLGEHALT**
obergärig	4,0–5,0 Vol.-%

SPEISEN : Lamm, Rind, stark gegrilltes
Fleisch, kräftig gewürzte
Speisen

15. WEIZENBOCK

GLASWAHL

FARBE
goldgelb bis gelborange/
rotbraun, kräftig
hefetrüb

CHARAKTER
spritzig, vollmundig,
malzaromatisch, Spur
bananenartig

GÄRUNG	**ALKOHOLGEHALT**
obergärig	6,0–8,0 Vol.-%

SPEISEN : kräftiger Braten, intensiver
Käse, Nachtisch

REZEPTE

MEAT

»Kochen ist eine KUNST
und keineswegs die
UNBEDEUTENDSTE.«

Luciano Pavarotti

CRAFT BEER

DAS PASST DAZU

RAUCHBIER

Charakter
vollmundig und rauchig

Alkoholgehalt
5,0–6,0 Vol.-%

Beef RIBS
MIT BIER-BARBECUE-GLASUR

Short Beef Ribs haben einen besonders hohen intramuskulären Fettanteil, was sie überaus saftig macht. Davon bekommt man nie genug …

Temperatur: 150 °C indirekt | mit geschlossenem Deckel

ZUTATEN
(4 Portionen)

RUB

1 EL schwarze Pfefferkörner
1 TL Koriandersamen
1 TL Knoblauchgranulat
½ TL geräuchertes Paprikapulver
1 EL brauner Zucker
1 TL Salz
1 TL Abrieb von 1 Bio-Zitrone

2 kg Short Beef Ribs (Querrippe vom Rind)
1 l dunkles Bier (nicht zu bitter)
100 ml rauchige Barbecue-Soße

AUSSERDEM

1 Grillschale

ZUBEREITUNG

FÜR DEN RUB

Die Zutaten für den Rub mörsern und bereitstellen.

Das Rippenstück parieren, das heißt, vom überschüssigen Fett und von der Silberhaut befreien. Auf der Unterseite zwischen den Rippen einen 1 cm tiefen Schnitt mit dem Messer setzen. Das Fleisch mit dem Rub einreiben und etwa 4 Stunden, am besten über Nacht, kühl ruhen lassen.

Den Grill auf 150 °C indirekte Hitze vorbereiten. Das Rippenstück in eine Edelstahl- oder Grillschale legen und mit dem dunklen Bier angießen, anschließend mit Alufolie dicht abdecken und 2 Stunden bei geschlossenem Grilldeckel dämpfen.

Das Fleisch aus der Schale nehmen, großzügig mit Barbecue-Soße einstreichen und auf dem Rost 1 weitere Stunde bei geschlossenem Deckel fertiggrillen, zwischendurch immer mal wieder nachpinseln. Wenn die Knochenenden frei liegen und sich leicht mit den Fingern lösen lassen, sind die Ribs fertig.

> **TIPP**
>
> *Probieren Sie dazu den fruchtigen Nektarinen-Dip auf der nächsten Seite!*

FRUCHTIGER
Nektarinen
DIP

*Fruchtsüße, gepaart mit feiner Würze: Der Dip pimpt jedes Grillfleisch
auf und macht sogar Bratwürstchen zu etwas Besonderem.*

ZUTATEN
(4 Portionen)

½ rote Zwiebel
1 Knoblauchzehe
1 kleine rote Chilischote
2–3 reife Nektarinen
1 Bund Koriander
1 EL Rapsöl
Saft von 1 Limette
Salz und Pfeffer
etwas brauner Zucker

ZUBEREITUNG

Zwiebel und Knoblauch abziehen und fein hacken, Chilischote sehr fein schneiden, ggf. entkernen. Nektarinen waschen und abtrocknen. Koriander abspülen, trocken schütteln, Blätter abzupfen und fein hacken.

Nektarinen halbieren, entsteinen und das Fruchtfleisch in kleine Würfel schneiden. 2 Esslöffel beiseitelegen. Die restlichen Würfel mit Zwiebel, Knoblauch und Chilischote im Rapsöl anschwitzen.

Gehackten Koriander, Limettensaft, Salz und 4 Esslöffel Wasser zufügen, alles grob pürieren und mit Salz und Pfeffer abschmecken, ggf. mit etwas braunem Zucker nachsüßen.

Zum Servieren für eine schöne Frische die beiseitegelegten Nektarinen-stückchen unter den Dip mischen.

Mais PÜREE

Unwiderstehlich, mit herrlichem Grillgeschmack:
Diese Beilage schmeckt auch gut ganz für sich allein.

ZUTATEN
(4 Portionen)

30 g Kräuterbutter
4 vorgegarte Maiskolben
100 g Crème fraîche
Salz und Pfeffer

ZUBEREITUNG

Kräuterbutter zerlassen und die vorgegarten Maiskolben großzügig mit einem Messer oder Pinsel damit einstreichen.

Maiskolben bei mittlerer Hitze grillen oder braten, bis sie leicht bräunen.

Die Körner mit einem Messer abschaben und mit Crème fraîche pürieren, mit Salz und Pfeffer abschmecken.

CRAFT BEER
DAS PASST DAZU
IPA
Charakter
starke Hopfennote, fruchtige Aromen wie Maracuja und Papaya
Alkoholgehalt
6–10 Vol. %

CRAFT BEER

DAS PASST DAZU

WEISSBIER +
CASCADE

Charakter
weizen- und hopfenaroma-
tisch, fruchtig, frische
Hefenote, Citrusaroma

Alkoholgehalt
4,0–5,5 Vol.-%

Beef SUSHI

> *Für Sushifreunde eine willkommene Abwechslung!*
> *Hier ist zartes Rinderfilet statt rohem Fisch der große Star!*

Temperatur: 200 °C direkt | mit geschlossenem/offenem Deckel/Kontaktgrill

ZUTATEN
(4 Portionen)

300 g Rinderfilet
1 TL Sesamöl
2 Tassen Sushireis
1 TL Zucker
½ TL Salz
2 EL Reisessig
2 EL Teriyakisoße
1 EL schwarze Sesamsamen
Blätter von 1 kleinen Bund
   Koriander
helle Sojasoße
50 g eingelegter rosa Ingwer

AUSSERDEM

1 Grillplatte

ZUBEREITUNG

Den Grill auf 200 °C direkte Hitze vorbereiten (mit Grillplatte).

Rinderfilet dünn mit Sesamöl einstreichen und für jeweils nur 1 Minute von beiden Seiten angrillen. Das Fleisch in Frischhaltefolie wickeln und 1 Stunde ins Gefrierfach legen.

Inzwischen den Sushireis nach Packungsangabe zubereiten und auskühlen lassen (dazu etwas ausbreiten). Zucker und Salz im Reisessig auflösen und den Reis löffelweise nach Geschmack mit der Mischung würzen. Mit leicht feuchten Händen den Reis für Nigiri-Sushi zu länglichen Formen rollen und beiseitelegen.

Das angefrorene Rinderfilet in sehr dünne Scheiben schneiden, auf der Unterseite dünn mit Teriyakisoße bestreichen und leicht quer auf den geformten Sushireis legen. Mit schwarzem Sesam bestreuen. Mit Koriandergrün, heller Sojasoße und eingelegten Ingwer servieren.

TIPP

Die dünnen Rinderfiletstreifen schmecken auch als „Sashimi",
also ganz ohne Reis mit etwas Ingwer und Sojasoße.

CRAFT BEER

DAS PASST DAZU

WEISSBIER +
CASCADE

Charakter
weizen- und hopfenaroma-
tisch, fruchtig, frische
Hefenote, Citrusaroma

Alkoholgehalt
4,0–5,5 Vol.-%

BEEFSTEAK Burger

Zum Reinbeißen gut! Für den großen Burger-Hunger sind diese rustikalen Exemplare mit leckerer Soße wie geschaffen.

Temperatur: 260 °C direkt und indirekt | mit geschlossenem/offenem Deckel/Kontaktgrill

ZUTATEN
(4 Portionen)

SOSSE
1 Eigelb
1 TL Dijonsenf
1 EL Essig
1 TL Zucker
125 ml Sonnenblumenöl
1 Schalotte
2 Cornichons
2 EL Barbecue-Soße
2 Msp. geräuchertes Paprikapulver
1 EL Zitronensaft
Salz und Pfeffer

GARNITUR
2 Ochsenherztomaten
1 Handvoll Babyspinat
2 Zwiebeln
Sonnenblumenöl

BURGER
4 Roastbeefsteaks/Rumpsteaks
    (je 150 g)
2 EL Rapsöl
4 Burger-Buns (Brötchen)
Salz und Pfeffer

AUSSERDEM
1 Grillschale

ZUBEREITUNG

FÜR DIE SOSSE
Eigelb, Senf, Essig und Zucker verrühren, dabei in einem dünnen Strahl das Öl zufügen und unterschlagen, bis eine Mayonnaise entsteht. Schalotte abziehen. Schalotte und Cornichons sehr fein würfeln und mit den restlichen Zutaten unter die Mayonnaise rühren.

FÜR DIE GARNITUR
Tomaten waschen, ggf. Stängelansätze herausschneiden. Tomaten in Scheiben schneiden, Spinatblätter waschen und verlesen, Zwiebeln abziehen und in Ringe schneiden. Beiseitestellen.

FÜR DIE BURGER
Den Grill auf 260 °C direkte und indirekte Hitze vorbereiten. Steaks leicht mit Rapsöl einstreichen, auf den Rost legen und von beiden Seiten 3 Minuten grillen, anschließend 5 Minuten in die indirekte Zone legen, die Hitze reduzieren.

Inzwischen Burger-Brötchen aufschneiden und auf dem noch heißen Rost anrösten, Zwiebelringe mit etwas Öl, Salz und Pfeffer mischen und in einer Grillschale mitgrillen, bis sie bräunen.

Das Roastbeef in dünne Tranchen schneiden, diese mit den gegrillten Zwiebelringen in einer Schüssel vermischen, mit Salz und Pfeffer würzen. Die Soße auf die Brötchen-Hälften geben und verteilen, mit Babyspinat, Tomatenscheiben und den Fleisch-Tranchen aufschichten.

CRAFT BEER
DAS PASST DAZU

ALT

Charakter
angenehm bitter, herzhaft,
auch rustikal

Alkoholgehalt
4,8–5,0 Vol.-%

Beer BRATS
MIT ZWIEBELN

> *Im Bier-Zwiebel-Sud laufen Grillwürste aller Art zur Hochform auf und werden herrlich saftig und würzig!*

Temperatur: 220 °C direkt | mit geschlossenem/offenem Deckel

ZUTATEN
(4 Portionen)

1 kleines Bund Thymian
2 l Bier (helles Lager)
60 g Butter
1 EL gekörnte Brühe
4 große Gemüsezwiebeln
1,2 kg gemischte Grillwürste
Salz und Pfeffer

AUSSERDEM

1 große Grillpfanne

ZUBEREITUNG

Den Grill für 220 °C direkte Hitze vorbereiten. Thymian gründlich waschen und trocken schütteln.

Bier, Butter und Thymian in eine große Grillpfanne geben und auf dem Grill zum Kochen bringen, gekörnte Brühe zufügen.

Zwiebeln schälen, in Ringe schneiden und mit in die Grillpfanne geben. Das Ganze in etwa 20 Minuten einkochen lassen. Grillpfanne vom Rost nehmen und beiseitestellen.

Jetzt die Grillwürste auflegen und grillen. Die fertig gegrillten Würste zum Bier-Zwiebel-Sud in die Pfanne geben und diese nochmals 10 Minuten auf den Grill stellen, um alles erneut aufzukochen. Mit Salz und Pfeffer würzen.

TIPP

Die Grillwürste kann man auch prima mit Zwiebeln und Senf als Hotdog servieren.

CRAFT BEER

DAS PASST DAZU

IPA

Charakter
starke Hopfennote, fruchtige
Aromen wie Maracuja und
Papaya

Alkoholgehalt
6–10 Vol.-%

Cevapcici

Der Klassiker darf auf keinem Grill fehlen. Auf Spießen serviert, lassen sie sich gut in die Hand nehmen und wegessen.

Temperatur: ca. 180 °C direkt und indirekt | mit offenem Deckel

ZUTATEN
(4 Portionen)

2 Knoblauchzehen
1 rote Zwiebel
3 EL Ajvar
1 TL Piment d´Espelette
1 TL edelsüßes Paprikapulver
5 EL Rapsöl
500 g Rinderhackfleisch (oder halb und halb mit Lamm bzw. Schwein)
2 TL Salz
1 TL Pfeffer

AUSSERDEM
16 Holz- oder Metallspieße

ZUBEREITUNG

Wenn Holzspieße verwendet werden, sollte man diese vor der Verwendung einige Stunden wässern.

Knoblauch und Zwiebel schälen und fein hacken, mit Ajvar und beiden Paprikagewürzen im Rapsöl anschwitzen und abkühlen lassen.

Hackfleisch sowie Salz und Pfeffer hinzufügen, alles gut miteinander vermengen und mit leicht angefeuchteten Händen etwa 8 cm lange Röllchen aus der Masse formen. 30 Minuten ruhen lassen.

Den Grill auf 200 °C direkte und indirekte Hitze vorbereiten. Die Fleischröllchen auf die Spieße stecken, bei direkter Hitze rundherum etwa 4 Minuten grillen, anschließend bei indirekter Hitze nochmals 4 Minuten garziehen lassen.

TIPP

Als Beilage schmeckt das superleckere Maispüree mit Zwiebelringen (siehe Seite 41).

CRAFT BEER
DAS PASST DAZU

IPA

Charakter
starke Hopfennote, fruchtige
Aromen wie Maracuja und
Papaya

Alkoholgehalt
6–10 Vol.-%

*Cheese*BURGER
MIT ROTKOHL & FEIGENSOSSE

> *Cheeseburger für Gourmets! Rotschimmelkäse, Feigensoße und Rotkohlgemüse machen daraus einen kulinarischen Leckerbissen.*

Temperatur: 180 °C direkt | mit offenem und geschlossenem Deckel

ZUTATEN
(4 Portionen)

PATTYS
800 g Rinderhackfleisch,
  grob gewolft (20 % Fettanteil)
4 EL Rapsöl
1 TL Salz
1 TL schwarzer Pfeffer
1 EL Dijonsenf

FEIGENSOSSE
2 frische Feigen
2 TL Honig
4 EL Dijonsenf

ROTKOHL
½ kleiner Rotkohl
2 EL Essig
2 EL Rapsöl
Salz und Pfeffer

8 Scheiben Rotschimmelkäse
grüne Salatblätter
Sprossen nach Belieben
4 Burger-Buns (siehe
  nächste Seite)

ZUBEREITUNG

FÜR DIE PATTYS
Die Zutaten für das Hackfleisch gut miteinander vermengen, in 4 Portionen teilen und daraus Pattys formen.

FÜR DIE SOSSE
Feigen grob zerteilen, Honig und Senf zufügen und alles nicht zu fein mit dem Mixstab zu einer Soße pürieren.

FÜR DEN ROTKOHL
Vom Rotkohl die äußeren welken Blätter und den Strunk entfernen. Rotkohl raspeln, mit kochendem Wasser übergießen und etwas ausdämpfen lassen. Anschließend mit Essig, Öl, Salz und Pfeffer abschmecken.

Rotschimmelkäse, gewaschene Salatblätter und gewaschene und abgetropfte Sprossen bereitstellen.

Den Grill auf 180 °C direkte Hitze vorbereiten. Burgerbrötchen aufschneiden und kurz anrösten. Beiseitelegen. Pattys auf den Rost legen, 4 Minuten grillen und wenden. Jetzt je 2 Scheiben Rotschimmelkäse auf die Pattys legen und den Grilldeckel schließen, bis der Käse zerlaufen ist.

Die Feigensoße auf die Burgerbrötchen-Hälften streichen und die Burger mit grünem Salat, Rotkohl, Pattys und Sprossen aufschichten.

TIPP
Anstelle des Rotschimmelkäses können Sie auch Blauschimmelkäse verwenden.

Burger BRÖTCHEN

> *Selbstgemacht und vom Grill schmecken sie einfach am besten. Sie lassen sich auch statt Brot zu Fleisch essen.*

Temperatur: 200 °C indirekt | mit geschlossenem Deckel

ZUTATEN
(4 Portionen)

150 ml Milch
20 g frische Hefe
2 EL Zucker
480 g Weizenmehl
60 g weiche Butter
3 Eier
½ TL Salz
etwas Rapsöl

AUSSERDEM

1 Grillplatte

ZUBEREITUNG

Milch mit 50 ml Wasser lauwarm erwärmen und in eine Schüssel gießen. Hefe hineinbröckeln und darin auflösen, Zucker zufügen und das Ganze mit dem Schneebesen glatt verrühren.

Die Hälfte des Mehls, Butter und 2 Eier zufügen und die Zutaten mit dem Handmixer zu einem glatten Teig vermengen. Schließlich restliches Mehl und Salz zugeben, alles zu einem glatten Teig verarbeiten und diesen abgedeckt 1 Stunde an einem warmen Ort gehen lassen.

Nach der ersten Ruhephase den Teig aus der Schüssel nehmen, dehnen und 2-mal zur Mitte hin falten, anschließend mit etwas Rapsöl bestreichen, nochmals 1 Stunde abgedeckt in der Schüssel gehen lassen.

Den Grill (indirekte Hitze) oder Backofen auf 200 °C vorbereiten.

Restliches Ei trennen und das Eigelb verquirlen. Den Teig in 8 Portionen teilen, jeweils nochmals dehnen und zur Mitte hin falten, mit dem Verschluss nach unten drehen und mit der flachen Hand rund rollen.

Die Teigstücke mit etwas Abstand auf ein Backblech oder eine ebene Grillplatte legen, mit dem Eigelb bestreichen und 15 Minuten backen. Grill geschlossen halten.

TIPP

Vor dem Backen kann man die Burger-Brötchen mit Sesamsamen bestreuen.

CRAFT BEER
DAS PASST DAZU
HELL/LAGER

Charakter
feinwürzig, leicht, vollmundig, mild

Alkoholgehalt
4,5–5,5 Vol.-%

Coleslaw

Ist schnell zubereitet und gehört einfach auf jeden Grilltisch. Eine saftige Beilage zu Fleisch!

ZUTATEN
(4 Portionen)

½ Spitzkohl
1 kleine Zwiebel
2 Möhren
2 kleine Äpfel
1 kleines Bund Petersilie
2 EL Zitronensaft
2 EL Salatmayonnaise
1 TL Dijonsenf
60 g Buttermilch
2 Msp. edelsüßes Paprikapulver
Salz und Pfeffer

ZUBEREITUNG

Spitzkohl halbieren, den Strunk entfernen und den Kohl in dünne Streifen schneiden. Zwiebel, Möhren und Äpfel schälen, Äpfel entkernen. Alles in schmale Streifen schneiden. Petersilie waschen, trocken schütteln, die Blätter abzupfen und fein hacken.

Kohl, Zwiebel, Möhren und Äpfel in eine Schüssel geben und mit dem Zitronensaft vermengen.

Mayonnaise, Senf, Buttermilch und Paprikapulver glatt verrühren, mit Salz und Pfeffer abschmecken. Petersilie unterziehen. Zum Gemüse in der Schüssel geben und alles gut miteinander mischen. Mindestens 1 Stunde ziehen lassen.

CRAFT BEER

DAS PASST DAZU

KÖLSCH

Charakter
teilweise angenehm blumig oder fruchtig, angenehm herb

Alkoholgehalt
4,6–5,1 Vol.-%

CRAFT BEER
DAS PASST DAZU

WEISSBIER + CASCADE

Charakter
weizen- und hopfenaroma-
tisch, fruchtig, frische
Hefenote, Citrusaroma

Alkoholgehalt
4,0–5,5 Vol.-%

PASTA *Venezia*

MIT GEGRILLTER PUTENLEBER

Etwas aufwendiger, doch die Mühe lohnt sich. Pasta- und Leber-Freunde werden begeistert sein. Reisen Sie mit diesem Gericht nach Italien!

Temperatur: 180 °C direkt | mit offenem/geschlossenem Deckel/Kontaktgrill

ZUTATEN
(4 Portionen)

PESTO
1 kleines Bund Salbei
   (junge Blätter)
1 Knoblauchzehe
100 g Walnusskerne
60 g Parmesan, frisch gerieben
150 ml Olivenöl
1 TL Abrieb von 1 Bio-Zitrone
Salz und Pfeffer

BUTTER-MARINADE
50 g Butter
2 EL Rapsöl
1 EL Aceto balsamico
Salz und Pfeffer

2 rote Zwiebeln
500 g Putenleber
400 g frische Pasta, z. B. Tagliatelle
100 g kernlose Trauben, halbiert
Salz und Pfeffer

AUSSERDEM
1 Grillschale oder Grillplatte

ZUBEREITUNG

FÜR DAS PESTO
Salbei waschen, trocken schütteln, Blätter abzupfen und grob hacken. Knoblauch abziehen und zerkleinern. Mit den Walnusskernen mörsern, dann mit Parmesan, Olivenöl und Zitronenschale zu einer Paste verarbeiten. Mit Salz und Pfeffer abschmecken.

Den Grill für 180 °C direkte Hitze vorbereiten.

FÜR DIE BUTTER-MARINADE
Butter in einem Topf zerlassen, Rapsöl und Aceto balsamico zufügen, leicht salzen und pfeffern, warm halten.

Zwiebeln abziehen und in Ringe schneiden. Mit der warmen Butter-Marinade vermengen, etwas für die Putenleber zurückbehalten.

Putenleber waschen und trocken tupfen, mit der restlichen Butter-Marinade bestreichen. Leber und Zwiebeln nebeneinander in eine Grillschale oder auf eine Grillplatte legen und 10 Minuten grillen. Die Leber zwischendurch wenden, die Zwiebeln etwas bewegen. In der Zwischenzeit Pasta nach Packungsangabe kochen.

Zum Servieren die Leber tranchieren, mit den Zwiebeln und halbierten Weintrauben zu den Nudeln geben und mit dem Pesto überziehen.

CRAFT BEER

DAS PASST DAZU

BERLINER WEISSE

Charakter
blumig, angenehm säuerlich,
fruchtaromatisch

Alkoholgehalt
2–3 (2,7–2,8) Vol.-%

ENTE *Orange*

Hier spielt zarte Entenbrust die erste Geige! Ein Fest für alle Feinschmecker, serviert mit köstlicher Orangensoße.

Temperatur: ca. 180 °C direkt und indirekt | mit offenem und geschlossenem Deckel

ZUTATEN
(4 Portionen)

RUB
1 EL schwarze Pfefferkörner
1 TL Koriandersamen
1 TL gemahlene Vanille
1 EL brauner Zucker
1 TL Salz
1 TL Schale von 1 Bio-Orange

4 Entenbrustfilets

GLASUR
4 EL Ahornsirup
1 EL brauner Zucker
1 TL Knoblauchgranulat
1 TL Salz
2 EL helle Sojasoße
6 EL Orangenlikör

ORANGENSOSSE
2 Orangen
1 TL Salz
1 Msp. Piment d´Espelette
1 EL brauner Zucker
Blätter von 1 Stängel Thymian
etwas Rapsöl

ZUBEREITUNG

FÜR DEN RUB
Die Zutaten für den Rub mörsern und beiseitestellen.

Entenbrustfilets auf der Hautseite mehrfach quer mit einem scharfen Messer einritzen und gründlich mit dem Rub einreiben, abgedeckt 30 Minuten ruhen lassen.

FÜR DIE GLASUR
Alle Zutaten gründlich mischen.

FÜR DIE ORANGENSOSSE
Orangen schälen, die weiße Haut dabei mit entfernen. Anschließend die Orangen filetieren und in einen Topf geben. Salz, Piment d´Espelette, braunen Zucker und Thymian zufügen und kurz aufkochen, beiseitestellen und ziehen lassen.

Den Grill auf 200 °C direkte und indirekte Hitze vorbereiten. Entenbrustfilets dünn mit Rapsöl bestreichen und von beiden Seiten je 3 Minuten angrillen. Anschließend in die indirekte Zone legen, mit der Glasur bestreichen und weitere 10 Minuten bei geschlossenem Grilldeckel garziehen lassen (1- bis 2-mal wiederholen). Die Kerntemperatur sollte 65 °C am besten nicht überschreiten.

Das fertig gegarte Fleisch in Alufolie wickeln und 5 Minuten ruhen lassen. Orangensoße nochmals erhitzen, zum Servieren auf Tellern verteilen. Die Entenbrustfilets, in Tranchen geschnitten, darauf anrichten.

CRAFT BEER

DAS PASST DAZU

PILS

Charakter
ausgeprägte, feinherbe
Hopfenbittere, schlank

Alkoholgehalt
44,0–5,5 Vol.-%

FLACHES Kräuter HUHN

> *Einfach himmlisch: Frische Kräuter verzaubern ein einfaches Hähnchen in eine Speise der Götter. Wer wird da nicht schwach ...*

Temperatur: 180 °C indirekt | mit geschlossenem Deckel

ZUTATEN
(4 Portionen)

1 kleines Bund Thymian

1 kleines Bund Salbei

3 Stängel Rosmarin

2 Lorbeerblätter

1 Bio-Zitrone

1 Maishähnchen (etwa 1,2 kg)

100 g Butter

etwas Rapsöl

Pfeffer

2 EL Weißweinessig

Salz

AUSSERDEM

1 Grillschale

ZUBEREITUNG

Kräuter gründlich waschen, trocken schütteln bzw. trocken tupfen. Mit Küchengarn daraus 6 kleine Sträußchen binden. Zitrone gründlich waschen und in Scheiben schneiden.

Das Hähnchen gut waschen und trocken tupfen. Mit einer Geflügelschere entlang des Rückgrats aufschneiden, das Hähnchen auseinanderklappen und flach drücken. 4 Kräutersträußchen und Zitronenscheiben mit Küchengarn unter den Flügeln und an den Schenkeln befestigen.

Butter mit etwas Rapsöl, Pfeffer und Essig zum Schmelzen bringen, die zwei übrigen Kräutersträußchen zufügen und bis kurz vor dem Siedepunkt erhitzen. Den Grill auf 180 °C indirekte Hitze vorbereiten.

Huhn mit etwas Buttermarinade bestreichen und leicht salzen, mit der Hautseite nach oben in eine Grillschale legen. Bei geschlossenem Deckel etwa 45 Minuten grillen, dabei immer wieder mit der Buttermarinade bestreichen.

TIPP

Dazu schmeckt am besten Grillgemüse, das Sie zeitgleich zubereiten können (siehe Seite 131).

CRAFT BEER

DAS PASST DAZU

HELL/LAGER

Charakter
feinwürzig, leicht,
vollmundig, mild

Alkoholgehalt
4,5–5,5 Vol.-%

Flank STEAK

*Zünftig und ohne großen Schnickschnack stillt dieses
zarte Flanksteak den großen Grillhunger auf gutes Fleisch.*

Temperatur: 250–300 °C direkt | mit geschlossenem/offenem Deckel/Kontaktgrill

ZUTATEN
(4 Portionen)

1 großes Flanksteak (800–1000 g)
Fleur de Sel
grob zerstoßener Pfeffer
1 TL zerbröselte rosa Pfefferbeeren

ZUBEREITUNG

Den Grill auf 250–300 °C direkte Hitze vorbereiten.

Flanksteak (Zimmertemperatur!) waschen, trocken tupfen und ggf. von
Sehnen befreien. Anschließend von beiden Seiten je 2–3 Minuten grillen,
dann noch einmal wenden und für ein schönes Cross-Branding um
45 Grad versetzt jeweils 1 weitere Minute fertiggrillen.

Fleisch vom Rost nehmen und in Alufolie 5 Minuten ruhen lassen. Anschließend in Tranchen schneiden, mit Fleur de Sel, grob zerstoßenem
Pfeffer und rosa Pfefferbeeren bestreuen.

TIPP

*Vor dem Servieren das Steak mit zerlassener
brauner Butter bestreichen – extra saftig!*

CRAFT BEER

DAS PASST DAZU

STOUT

Charakter
röstaromatisch, strenge Bittere

Alkoholgehalt
4,0–5,0 Vol.-%

BOURBON French RACK

> *Unter Kennern sind die iberischen Duroc-Schweine schon lange für ihre ausgezeichnete Fleischqualität bekannt. Hochgenuss vom Allerfeinsten!*

Temperatur: 150 °C indirekt | mit geschlossenem Deckel

ZUTATEN
(6 Portionen)

RUB
1 EL schwarzer Pfeffer
1 TL Koriandersamen
3 Pimentkörner
½ TL geräuchertes Paprikapulver
1 EL brauner Zucker
1 TL Salz
1 TL Schale von 1 Bio-Zitrone

1,4 kg Schweinskarree vom
   Duroc-Schwein

GLASUR
6 EL Ahornsirup
1 EL brauner Zucker
2 TL Rauchsalz
2 EL Worcestersoße
4 EL Bourbon Whiskey

ZUBEREITUNG

FÜR DEN RUB
Die Zutaten für den Rub mörsern und das trocken getupfte Karree damit einreiben. Anschließend in Folie wickeln und mindestens 2 Stunden kühl ruhen lassen.

FÜR DIE GLASUR
Die Zutaten für die Glasur mischen und beiseitestellen.

Den Grill auf 150 °C indirekte Hitze vorbereiten. Schweinskaree auflegen und bei geschlossenem Deckel 45 Minuten grillen, sodass der Knochenbogen nach oben zeigt. Karree wenden, weitere 45 Minuten bei geschlossenem Deckel grillen und immer wieder mit der Glasur bestreichen. Wenn das Fleisch eine Kerntemperatur von 62 °C erreicht hat, ist es perfekt gegart. Vor dem Servieren noch 15 Minuten ruhen lassen.

TIPP

Für eine besonders krosse Kruste die Temperatur zum Ende der Grillzeit auf 200 °C erhöhen. Als Beilage schmecken z. B. Baked Beans (siehe Seite 64).

BAKED *Beans*

Für alle, die es gern deftig mögen, findet sich für gebackene Bohnen immer ein Platz auf dem Grill.

Temperatur: 180° C indirekt | mit geschlossenem Deckel

ZUTATEN
(4 Portionen)

1 kleine Zwiebel
2 EL Rapsöl
1 TL brauner Zucker
½ TL geräuchertes Paprikapulver
2 EL Aceto balsamico
800 g Cannellini-Bohnen
   (aus der Dose)
1 Dose gehackte Tomaten (400 g)
etwas Worcestersoße
Salz und Pfeffer

AUSSERDEM
1 Grillschale oder 1 Backblech

ZUBEREITUNG

Zwiebel schälen, fein würfeln und mit Rapsöl, Zucker und geräuchertem Paprikapulver in einer Pfanne glasig anschwitzen. Mit Aceto balsamico ablöschen und etwas einköcheln lassen.

Cannellini-Bohnen mit etwas Dosenflüssigkeit in die Pfanne geben, dann Tomaten und Worcestersoße zufügen, alles 5 Minuten köcheln lassen, mit Salz und Pfeffer abschmecken.

Den Grill oder Backofen auf mittlere Hitze (180 °C) vorbereiten. Die Bohnen auf ein mit Backpapier ausgelegtes Blech oder in eine große Grillschale geben und etwa 45 Minuten backen bzw. grillen.

CRAFT BEER

DAS PASST DAZU

KÖLSCH

Charakter
teilweise angenehm blumig oder fruchtig, angenehm herb

Alkoholgehalt
4,6–5,1 Vol.-%

Gemüse
POMMES

> Nicht nur Kinder werden von dieser gesunden Pommes-Variante begeistert sein. Bereiten Sie also gleich ein paar mehr zu.

Temperatur: ca. 180° C indirekt | mit geschlossenem Deckel

ZUTATEN
(4 Portionen)

2 Pastinaken
1 Süßkartoffel
2 Möhren
2 rohe Rote Bete
1 kleines Bund Thymian
2 EL Rapsöl
Fleur de Sel

AUSSERDEM

1 Grillplatte

ZUBEREITUNG

Das Gemüse waschen, schälen und in Stifte schneiden. Bei der Roten Bete empfiehlt es sich, Handschuhe zu tragen. Thymian waschen, trocken schütteln und die Stängel etwas zerkleinern.

Pastinaken, Süßkartoffel und Möhren in eine Schüssel geben, mit etwas Rapsöl und Thymian mischen und auf ein Blech oder eine Grillplatte legen. Die Rote Bete separat marinieren, da sie das andere Gemüse im Roh-zustand verfärben würde.

Bei mittlerer Hitze (etwa 180 °C) und geschlossenem Deckel 30–40 Minu-ten backen. Zwischendurch etwas bewegen. Vor dem Servieren mit Fleur de Sel bestreuen.

CRAFT BEER
DAS PASST DAZU
KRISTALLWEIZEN
weizenaromatisch, teilweise angenehm blumig oder fruchtig
Alkoholgehalt
4,5–5,5 Vol.-%

CRAFT BEER

DAS PASST DAZU

KÖLSCH

Charakter
teilweise angenehm blumig
oder fruchtig, angenehm
herb

Alkoholgehalt
4,6–5,1 Vol.-%

Chicken WINGS
MIT SESAM

Ohne den Klassiker aus den Vereinigten Staaten, hier mit Sesam bestreut, würde auf dem Grill eine Lücke klaffen.

Temperatur: 180 °C indirekt | mit geschlossenem und offenem Deckel

ZUTATEN
(4 Portionen)

GLASUR
6 EL Ketchup

1 TL Knoblauchgranulat

1 TL Salz

1 TL Ingwer, frisch gerieben

1 EL Reisessig

2 EL Honig

1 EL Worcestersoße

1–2 EL Sesamsamen

60 g Butter

1 EL Rapsöl

1,2 kg Hähnchenflügel

Salz

1 Frühlingszwiebel

Saft von 1 Limette

AUSSERDEM
1 Grillschale

ZUBEREITUNG

Den Grill für 180 °C indirekte Hitze vorbereiten.

FÜR DIE GLASUR
Ketchup, Knoblauchgranulat, Salz, Ingwer, Essig, Honig und Worcestersoße verrühren und beiseitestellen.

Sesamsamen in einer Pfanne anrösten, bis sie leicht duften.

Für die Hähnchenflügel Butter in einem Topf zerlassen, Rapsöl zufügen. Hähnchenflügel leicht salzen, auf den Grill legen und mit der flüssigen Butter bestreichen. Bei mehrfachem Wenden und Einpinseln insgesamt etwa 35 Minuten bei geschlossenem Deckel grillen. Anschließend in eine Grillschale legen, mit der Glasur mischen und nochmals etwa 5 Minuten auf den offenen Grill geben.

Zum Servieren die Frühlingszwiebel waschen, schneiden und die Hähnchenflügel damit und mit dem gerösteten Sesam bestreuen und mit etwas Limettensaft beträufeln.

CRAFT BEER

DAS PASST DAZU

WEISSBIER +
CASCADE

Charakter
weizen- und hopfenaroma-
tisch, fruchtig, frische
Hefenote, Citrusaroma
Alkoholgehalt
4,0–5,5 Vol.-%

FRUCHTIGE Chicken SPIESSE
MIT NEKTARINE

Mageres, gesundes Hähnchenfleisch, mit Nektarinen und Pimientos aufgespießt und in eine leckere Soße gedippt: Gibt es etwas Schöneres?

Temperatur: 200 °C indirekt | mit geschlossenem/offenem Deckel/Kontaktgrill

ZUTATEN
(4 Portionen)

SWEET-CHILI-SOSSE

2 Chilischoten
2 Knoblauchzehen
1 TL Ingwer, frisch gerieben
120 ml Reisessig (oder heller Aceto balsamico)
180 g brauner Zucker
1 TL Paprikapaste
1 TL Salz
1 TL Speisestärke

SPIESSE

4 Hähnchenbrustfilets (je etwa 150 g)
2–3 Nektarinen
8 Pimientos (grüne Kirschpaprika)
8 Stängel Zitronengras
Rapsöl
Salz
1 EL Koriander, gehackt
Saft von 1 Limette

ZUBEREITUNG

FÜR DIE SWEET-CHILI-SOSSE

Chilischoten fein hacken, Knoblauch abziehen und durch eine Presse drücken. Mit dem Ingwer in einen Topf geben und mischen. Reisessig, Zucker, Paprikapaste und Salz zufügen und unter Rühren erhitzen, bis der Zucker sich vollständig aufgelöst hat.

Speisestärke in 2 EL warmem Wasser auflösen und unter die Soße rühren, nochmals kurz aufkochen, umfüllen und auskühlen lassen.

FÜR DIE SPIESSE

Den Grill für 200 °C indirekte Hitze vorbereiten. Hähnchenbrustfilets abspülen, trocken tupfen und in mundgerechte Stücke schneiden. Nektarinen waschen, halbieren, entsteinen und ebenfalls in mundgerechte Stücke schneiden. Pimientos waschen und die Stängelansätze herausschneiden. Hähnchen, Nektarinen und jeweils 1 Pimiento auf die Zitronengrasstängel spießen, mit Rapsöl bestreichen und leicht salzen.

Die Spieße auf den Grillrost legen und von beiden Seiten je etwa 5 Minuten grillen. Kurz vor Ende der Grillzeit mit der Sweet-Chili-Soße bestreichen, nochmals wenden und einige Minuten weitergrillen.

Zum Servieren mit fein gehacktem Koriandergrün bestreuen und mit Limettensaft beträufeln. Die restliche Soße zum Dippen dazu servieren.

> **TIPP**
>
> *Übrig gebliebene Soße in einer verschließbaren Flasche kühl aufbewahren.*

CRAFT BEER
DAS PASST DAZU

**LEICHTES WEISSBIER/
WEIZENSCHANKBIER**

Charakter
spritzig, hefearomatisch

Alkoholgehalt
2,5–3,5 Vol.-%

Drumsticks
MIT ZITRONENBUTTER

> So verpackt, werden selbst einfache Hähnchenschenkel
> zum unwiderstehlichen Grill-Highlight. Greifen Sie zu!

Temperatur: 160 °C indirekt | mit geschlossenem Deckel

ZUTATEN
(4 Portionen)

16–20 Hähnchenunterschenkel
100 g Butter
1 Knoblauchzehe
2 TL Abrieb von 1 Bio-Zitrone
2 EL Rapsöl
½ TL Salz

AUSSERDEM

1 Grillschale

ZUBEREITUNG

Den Grill für 160 °C indirekte Hitze vorbereiten.

Hähnchenschenkel waschen und gut trocken tupfen. Die Haut mit den Fingern ganz nach unten ziehen und um das Gelenk wickeln.

Butter zerlassen. Knoblauch abziehen und durch eine Presse drücken. Mit Zitronenschale, Rapsöl und Salz zur Butter geben.

Hähnchenschenkel auf den Rost oder in eine Grillschale legen und bei geschlossenem Deckel einige Minuten angrillen. Dann alle paar Minuten mit der flüssigen Zitronenbutter bestreichen und weitergrillen, bis sich nach etwa 40 Minuten das Hähnchenfleisch vom Knochen zu lösen beginnt. Dann sind die Schenkel fertig und können serviert werden.

TIPP

Den Topf mit der Zitronenbutter zum Warmhalten einfach auf den geschlossenen Grilldeckel stellen.

CRAFT BEER
DAS PASST DAZU

WEIZENBOCK

Charakter
spritzig, vollmundig,
malzaromatisch, Spur
bananenartig

Alkoholgehalt
6,0–8,0 Vol.-%

Lamm CHOPS
MIT PIMIENTOS

Hier spielen zarte, knusprige und marinierte Lammkoteletts die Paraderolle. Sie kommen ganz ohne großes Beiwerk aus.

Temperatur: 200 °C direkt | mit geschlossenem/offenem Deckel/Kontaktgrill

ZUTATEN
(4 Portionen)

MARINADE
1 EL schwarze Pfefferkörner
1 TL Cayennepfeffer
1 TL Koriandersamen
1 TL Knoblauchgranulat
1 EL brauner Zucker
1 EL getrockneter Rosmarin
1 TL Salz
1 TL Abrieb von 1 Bio-Zitrone
1 EL Aceto balsamico
100 ml Olivenöl

1,2 kg Lammkotelett
250 g Pimientos
   (grüne Kirschpaprika)
etwas Olivenöl
Fleur de Sel

ZUBEREITUNG

FÜR DIE MARINADE
Die trockenen Zutaten für die Marinade mörsern, mit Aceto balsamico und Olivenöl zu einer Marinade verrühren.

Lammkoteletts mit der Marinade überziehen, mindestens 4 Stunden abgedeckt ruhen lassen.

Den Grill für 200 °C direkte Hitze vorbereiten. Pimientos putzen, waschen, ggf. den Stiel etwas kürzen. Anschließend mit etwas Olivenöl marinieren.

Lammkoteletts und Pimientos zusammen in eine Grillschale legen und insgesamt 8 Minuten grillen, dabei mehrfach wenden. Zum Schluss alles mit Fleur de Sel würzen.

CRAFT BEER

DAS PASST DAZU

IPA

Charakter
starke Hopfennote, fruchtige Aromen wie Maracuja und Papaya
Alkoholgehalt
6–10 Vol.-%

*Lamm*SCHWERTER

> *Diese orientalisch gewürzten Schwerter landen ganz friedlich auf dem Grill und sorgen danach für allgemeine Glückseligkeit.*

Temperatur: 200 °C direkt und indirekt | mit geschlossenem/offenem Deckel

ZUTATEN
(4 Portionen)

800 g Lamm aus der Schulter

RUB
2 EL Thymian, gehackt
1 EL Abrieb von 1 Bio-Zitrone
1 TL ganzer Kümmel
1 TL Knoblauchgranulat
1 TL Koriandersamen
1 EL Meersalz
1 EL schwarzer Pfeffer

GEMÜSE
6 eingelegte getrocknete Tomaten
2 Frühlingszwiebeln
1 Fenchelknolle
6 Mini-Kartoffeln, vorgegart

etwas Rapsöl
1 EL Minze, gehackt
Saft von 1 Zitrone

AUSSERDEM
4 große Kebabspieße

ZUBEREITUNG

Lammschulter von Fett und Sehnen befreien und in etwa 3 cm große Stücke schneiden.

FÜR DEN RUB
Die Zutaten für den Rub mörsern, zu den Lammfleischstücken geben und gut vermengen, bis das Fleisch mit dem Rub überzogen ist. Mehrere Stunden, am besten über Nacht, abgedeckt in den Kühlschrank stellen und ziehen lassen.

FÜR DAS GEMÜSE
Zum Grillen die restlichen Zutaten vorbereiten. Tomaten abtropfen lassen und kleiner schneiden. Frühlingszwiebeln putzen und in Stücke schneiden. Fenchelknolle putzen und waschen und ebenfalls in Stücke schneiden.

Den Grill auf 200 °C direkte und indirekte Hitze vorbereiten.

Gemüse und Lammfleisch abwechselnd auf die Spieße stecken und kurz vor dem Grillen mit etwas Rapsöl bestreichen. Die Spieße von jeder Seite etwa 8 Minuten grillen. Sollten sich dunkle Stellen bilden, die Spieße in die indirekte Zone des Grills legen.

Die Spieße auf gehackter Minze servieren und mit Zitronensaft beträufeln.

TIPP
Als orientalische Beilage schmeckt das unvergleichliche Baba Ganoush (siehe Seite 106).

CRAFT BEER

DAS PASST DAZU

BERLINER WEISSE

Charakter
blumig, angenehm säuerlich,
fruchtaromatisch

Alkoholgehalt
2–3 (2,7–2,8) Vol.-%

PULLED Pork

> *Eine Brotzeit, vor deren Genuss das Fleisch erst einmal zwölf Stunden grillen muss. Aber das Warten lohnt sich!*

Temperatur: 110 °C indirekt | mit geschlossenem Deckel/Gasgrill

ZUTATEN
(4 Portionen)

INJEKTION
1 Tasse Apfelsaft
1 Tasse Fleischbrühe oder -fond
6 EL Worcestersoße
2 EL Barbecue-Soße

2 kg Schweinenacken
4 EL Dijonsenf

RUB
1 EL schwarze Pfefferkörner
1 EL grobes Meersalz
1 TL ganzer Kümmel
1 TL Knoblauchgranulat
1 TL geräuchertes Paprikapulver
1 EL brauner Zucker

AUSSERDEM
1 Marinadenspritze

ZUBEREITUNG

FÜR DIE INJEKTION
Die Zutaten für die Injektion miteinander verrühren, die Marinadenspritze aufziehen und die Marinade im Abstand von 5 cm vorsichtig in den Schweinenacken spritzen.

FÜR DEN RUB
Die Zutaten für den Rub mörsern. Schweinenacken mit Dijonsenf einreiben, anschließend großzügig mit dem Rub bestreuen und fest in Frischhaltefolie wickeln. Etwa 12 Stunden in den Kühlschrank legen.

Den Grill auf 110 °C indirekte Hitze vorbereiten. Um die Temperatur zu regulieren, ggf. zwischen Grill und Deckel einen kleinen Abstandshalter platzieren (z. B. geknickte Alufolie).

Das Fleisch aus der Folie nehmen, in eine Auflaufform legen. Das Fleisch bei geschlossenem Deckel nun mindestens 12 Stunden grillen. Am besten ein Fleischthermometer verwenden, die Kerntemperatur sollte am Ende der Grillzeit 90–95 °C betragen. Das Fleisch in Alufolie wickeln und warm halten. Zum Servieren mit zwei Gabeln zerrupfen.

TIPP

Pulled Pork lässt sich vielfältig verwenden. Hier gibt es das Fleisch „streetfoodmäßig" mit einfachem Fladenbrot mit Mayonnaise und frischen Sprossen. Dazu schmeckt auch unser Linsensalat (siehe Seite 147).

CRAFT BEER
DAS PASST DAZU

BOCK, DUNKEL

Charakter
vollmundig, malzbetont,
feine Hopfennote

Alkoholgehalt
6,0–8,0 Vol.-%

RIBEYE *steaks*
MIT BALSAMICO-ZWIEBELN

> *Da weiß man gar nicht, worauf man sich mehr freuen soll ...*
> *auf das saftige Fleisch oder die herrlichen Balsamico-Zwiebeln!*

Temperatur: 200 °C direkt und indirekt | mit geschlossenem/offenem Deckel/Kontaktgrill

ZUTATEN
(4 Portionen)

BALSAMICO-ZWIEBELN

300 g Mini-Zwiebeln
20 g Butter
2 EL brauner Zucker
2 EL Honig
200 ml Aceto balsamico
75 ml Rotwein
4 Stängel Thymian
Salz und Pfeffer

1 Knoblauchzehe
1 Stück Butter
1 EL Rapsöl
4 Ribeye-Steaks (je 250 g)
Salz

ZUBEREITUNG

FÜR DIE BALSAMICO-ZWIEBELN

Zwiebeln mit Schale in einen Topf legen, mit Wasser bedecken und aufkochen. Dann den Topf vom Herd ziehen und die Zwiebeln 10 Minuten im Wasser abkühlen lassen. Anschließend Wasser abgießen und die Schale von den Zwiebeln ziehen.

Butter in einem Topf zerlassen, Zucker und Honig zugeben und warten, bis die Butter brutzelt. Dann Zwiebeln zufügen und 4 Minuten karamellisieren, mit Aceto balsamico und Rotwein ablöschen. Thymian zufügen und 10 Minuten ohne Deckel köcheln lassen. Anschließend mit Salz und Pfeffer würzen, bis zum Servieren ziehen lassen. Thymianstängel entfernen.

Den Grill auf 200 °C direkte und indirekte Hitze vorbereiten.

Für die Fleischglasur Knoblauch abziehen und halbieren. Butter mit Rapsöl und Knoblauch in einem Topf erhitzen, bis die Butter geschmolzen ist und 5 Minuten köcheln lassen.

Das Fleisch leicht salzen, mit der zerlassenen Butter einstreichen und 2 Minuten von beiden Seiten grillen. Dann in den indirekten Bereich legen, Hitze reduzieren und in weiteren 5 Minuten gar ziehen lassen.

Das Fleisch mit einem scharfen Messer in Tranchen schneiden und die lauwarmen Balsamico-Zwiebeln darüber verteilen.

CRAFT BEER

DAS PASST DAZU

KÖLSCH

Charakter
teilweise angenehm blumig
oder fruchtig, angenehm
herb

Alkoholgehalt
4,6–5,1 Vol.-%

RINDERFILET
surf & Turf

*Nicht nur in nordamerikanischen Steakhäusern beliebt,
auch in unseren Breiten kommt der Klassiker gut an.*

Temperatur: 200 °C direkt und indirekt | mit geschlossenem Deckel

ZUTATEN
(4 Portionen)

4 Rinderfilets (rund geschnitten,
   je 250 g)
8 Scheiben Bacon
   (Frühstücksspeck)
etwas Rapsöl
8 rohe Garnelen mit Schale
Knoblauchgranulat
grober Pfeffer
Fleur de Sel

AUSSERDEM
Küchengarn

ZUBEREITUNG

Rinderfilets mit je 2 Scheiben Bacon umwickeln und mit Küchengarn fixieren, anschließend das Fleisch mit etwas Rapsöl bestreichen.

Garnelen bis auf die Schwanzflosse schälen, den Darm entfernen, ebenfalls mit Öl bestreichen und mit Knoblauchgranulat bestreuen.

Den Grill auf 200 °C direkte und indirekte Hitze vorbereiten.

Die Filets bei direkter Hitze auf den Rost legen und je 4 Minuten mit geschlossenem Deckel von beiden Seiten grillen, die Garnelen 2 Minuten auf jeder Seite. Dann in die indirekte Zone des Grills legen, in weiteren 5 Minuten geschlossen gar ziehen lassen. Es ist fertig, wenn die Kerntemperatur 55 °C beträgt.

Zum Servieren die Filets mit grobem Pfeffer und Fleur de Sel würzen und, mit je 2 Garnelen belegt, anrichten.

TIPP

Probieren Sie Thymianzwiebeln zu diesem Gericht (siehe Seite 93).

CRAFT BEER

DAS PASST DAZU

WEISSBIER +
CASCADE

Charakter
weizen- und hopfenaroma-
tisch, fruchtig, frische
Hefenote, Citrusaroma

Alkoholgehalt
4,0–5,5 Vol.-%

saltim BOCCA
MIT BLAUSCHIMMEL-SÜSSKARTOFFEL-PÜREE

Wird diese Grill-Mahlzeit serviert, muss man keinen Gourmet-Tempel mehr besuchen. Kulinarischer Hochgenuss vom Allerfeinsten direkt vom Grill!

Temperatur: 200 °C indirekt | mit geschlossenem und offenem Deckel, Kontaktgrill

ZUTATEN
(4 Portionen)

600 g Schweinefilet
Salz und Pfeffer
80 g luftgetrockneter Schinken,
   z. B. Parma oder Serrano
8 Salbeiblättchen
2 EL Rapsöl

800 g Süßkartoffeln
200 g Blauschimmelkäse
50 g Butter
Salz und Pfeffer

AUSSERDEM
Küchengarn

ZUBEREITUNG

Schweinefilet in 3 cm dicke Stücke schneiden, leicht salzen und pfeffern und mit dem Schinken und je 2 Salbeiblättchen umwickeln, ggf. mit Küchengarn fixieren.

Den Grill für 200 °C indirekte Hitze vorbereiten.

Süßkartoffeln schälen, waschen, in grobe Stücke schneiden und in Alufolie wickeln. Im Ofen oder bei geschlossenem Grill etwa 25 Minuten garen.

Inzwischen den Blauschimmelkäse in kleine Würfel schneiden. Butter in einem kleinen Topf zerlassen und leicht bräunen.

Sobald die Süßkartoffeln weich sind, Schweinefiletstücke mit etwas Rapsöl bestreichen und jeweils 5 Minuten von jeder Seite mit offenem Deckel grillen.

Süßkartoffelstücke in eine Schüssel geben, gebräunte Butter zufügen und vorsichtig mit dem Handmixer glattrühren. Mit Salz und Pfeffer abschmecken und den gewürfelten Käse unterheben. Süßkartoffelpüree zum Schweinefilet servieren.

TIPP

Das Püree zum Servieren mit gerösteten Nüssen bestreuen und mit einigen Tropfen Kürbiskernöl beträufeln.

CRAFT BEER

DAS PASST DAZU

PILS

Charakter
ausgeprägte, feinherbe
Hopfenbittere, schlank

Alkoholgehalt
4,0–5,5 Vol.-%

saté SPIESSE

Hähnchenbrust, in einer köstlichen Marinade gezogen, dann wellenartig auf Spieße gesteckt: Freunde der Thai-Küche werden sie lieben.

Temperatur: 160 °C direkt und indirekt | mit geschlossenem/offenem Deckel/Kontaktgrill

ZUTATEN
(4 Portionen)

600 g Hähnchenbrustfilet

MARINADE
2 TL Koriandersamen
40 g geriebener Ingwer
1 EL Currypaste
4 EL Kokosmilch
2 EL Hoisinsoße
2 EL helle Sojasoße

1 EL Sesamsamen

AUSSERDEM
12 Holz- oder Metallspieße

ZUBEREITUNG

Bei Verwendung von Holzspießen diese mindestens 1 Stunde wässern.

Hähnchenbrustfilet waschen, trocken tupfen und längsseitig in Streifen schneiden.

FÜR DIE MARINADE
Korianderkörner mörsern, mit geriebenem Ingwer und Currypaste vermengen, dann mit Kokosmilch, Hoisin- und Sojasoße zu einer Marinade verrühren. Fleischstreifen mit der Marinade überziehen und mindestens 1 Stunde abgedeckt ruhen lassen.

Den Grill auf 160 °C direkte und indirekte Hitze vorbereiten. Sesamsamen in einer Pfanne ohne Fett anrösten, bis sie duften.

Die Fleischstreifen aus der Marinade nehmen und wellenförmig auf die Spieße stecken. Anschließend etwa 6 Minuten direkt und indirekt grillen. Zum Servieren mit gerösteten Sesamsamen bestreuen.

TIPP
Probieren Sie die Saté-Spieße z. B. als Topping auf Salat!

CRAFT BEER

DAS PASST DAZU

WEISSBIER + CASCADE

Charakter
weizen- und hopfenaroma-
tisch, fruchtig, frische
Hefenote, Citrusaroma

Alkoholgehalt
4,0–5,5 Vol.-%

HOME MADE

schaschlik

MIT MANGO-CURRYSOSSE

Schweinenacken, zünftig auf Spieße gesteckt und mit einer fruchtigen Soße serviert, kommen immer gut an und machen richtig satt.

Temperatur: 180 °C direkt | mit geschlossenem/offenem Deckel/Kontaktgrill

ZUTATEN
(4 Portionen)

SPIESSE
800 g Schweinenacken
Saft von 2 Zitronen
Salz und Pfeffer
je 1 gelbe und rote Paprikaschote
2 rote Zwiebeln
etwas Rapsöl

MANGO-CURRYSOSSE
250 g Tomatenmark
　(3-fach konzentriert)
5 EL Olivenöl
1 EL Madras-Currypulver
500 ml Cola
1 reife Mango
2 Dosen gehackte Tomaten
　(je 400 g)
Salz und Pfeffer

AUSSERDEM
8 Holz- oder Metallspieße

ZUBEREITUNG

FÜR DIE SPIESSE
Das Fleisch in Stücke schneiden (etwa 3–4 cm Kantenlänge), in eine Schüssel legen und mit Zitronensaft beträufeln. Salzen und pfeffern. Anschließend 3 Stunden abgedeckt in den Kühlschrank stellen. Die Spieße, sofern aus Holz, in der Zwischenzeit wässern.

Die beiden Paprikaschoten halbieren, entkernen, Trennwände entfernen und waschen. Zwiebeln schälen.

FÜR DIE MANGO-CURRYSOSSE
Tomatenmark mit Olivenöl und Currypulver in einem Topf 2 Minuten anrösten, danach mit Cola ablösen. Mango halbieren, entsteinen und schälen. Das Fruchtfleisch würfeln. Mit den gehackten Tomaten hinzugeben und 3 Minuten köcheln. Das Ganze pürieren und mit Salz und Pfeffer abschmecken.

Den Grill für 180 °C direkte Hitze vorbereiten.

Paprika und Zwiebeln klein schneiden, zum Fleisch in die Schüssel geben und mit einem Schuss Rapsöl gut durchmischen. Anschließend Fleisch und Gemüse auf die Spieße stecken.

Die Spieße auf den Grillrost legen und von allen Seiten insgesamt 10 Minuten grillen. Zum Servieren mit der Mango-Currysoße überziehen.

TIPP

Nach Geschmack mit klein geschnittenem Frühlingszwiebelgrün bestreuen. Die Zusammensetzung der Spieße ist natürlich Geschmackssache und kann beliebig variiert werden.

CRAFT BEER

DAS PASST DAZU

STOUT

Charakter
röstaromatisch, strenge
Bittere

Alkoholgehalt
4,0–5,0 Vol.-%

schweine
BAUCH
MIT COGNAC GLASIERT

> Wer es deftig mag, wird bei diesem knusprig gegrillten Schweinebauch
> mit Rosmarinkartoffeln kulinarisches Glück erleben!

Temperatur: 150 °C indirekt | mit geschlossenem Deckel

ZUTATEN
(6–8 Portionen)

1,2 kg Schweinebauch

RUB
1 EL schwarzer Pfeffer

1 TL Koriandersamen

1 TL Knoblauchgranulat

½ TL geräuchertes Paprikapulver

1 EL brauner Zucker

1 TL Salz

1 TL Abrieb von 1 Bio-Orange

GLASUR
6 EL Honig

1 EL brauner Zucker

1 TL Knoblauchgranulat

2 TL Rauchsalz

2 EL Worcestersoße

4 EL Cognac oder Weinbrand

ZUBEREITUNG

FÜR DEN RUB
Die Zutaten für den Rub im Mörser zerkleinern und den Schweinebauch
rundherum damit einreiben. Mindestens 1 Sunde, besser über Nacht,
abgedeckt ruhen lassen.

FÜR DIE GLASUR
Alle Zutaten der Glasur miteinander vermischen.

Den Grill für 150 °C indirekte Hitze vorbereiten. Schweinebauch auf den
Rost oder in eine Grillschale legen und bei geschlossenem Deckel je
1 Stunde von beiden Seiten grillen. Dabei immer wieder mit der selbst-
gemachten Glasur bestreichen.

Wer sich eine knusprige Schwarte wünscht, erhöht die Temperatur etwa
20 Minuten vor Garende auf 220 °C.

TIPP
Als Beilage schmecken die Rosmarinkartoffeln auf der nächsten Seite.

Rosmarin KARTOFFELN

Der Klassiker passt zu vielen Fleischgerichten vom Grill und entpuppt sich als köstliche und sättigende Beilage.

Temperatur: 180 °C indirekt | mit offenem Deckel

ZUTATEN
(4 Portionen)

1 kg kleine festkochende Kartoffeln
Salz
2 Stängel Rosmarin
1 TL Knoblauchgranulat
1 Schuss Olivenöl
Fleur de Sel

ZUBEREITUNG

Kartoffeln waschen und mit der Schale etwa 15 Minuten in Salzwasser kochen, etwas ausdämpfen lassen.

Rosmarinstängel abspülen, trocken schütteln, die Nadeln abstreifen und fein hacken, mit Knoblauchgranulat und etwas Olivenöl über die Kartoffeln geben und vermengen.

Den Grill für 180 °C indirekte Hitze vorbereiten. Die Kartoffeln wenige Minuten bei offenem Deckel grillen, bis sie leicht bräunen. Zum Servieren mit Fleur de Sel bestreuen.

TIPP
Für eine feine Räuchernote mischen Sie noch etwas geräuchertes Paprikapulver unter die Kartoffeln.

CRAFT BEER
DAS PASST DAZU
KÖLSCH

Charakter
teilweise angenehm blumig oder fruchtig, angenehm herb
Alkoholgehalt
4,6-5,1 Vol.-%

Thymian ZWIEBELN

Sie wollen das gegrillte Fleisch toppen? Dann sind diese Thymianzwiebeln ein Must-have.

Temperatur: 180 °C indirekt | mit offenem Deckel

ZUTATEN
(4 Portionen)

8 mittelgroße rote Zwiebeln
Olivenöl
etwas Zucker
Meersalz und Pfeffer
1 kleines Bund Thymian

AUSSERDEM
1 feuerfeste Schale

ZUBEREITUNG

Zwiebeln in der Schale halbieren, mit etwas Olivenöl beträufeln und mit je 1 Prise Zucker und etwas Salz bestreuen.

Zwiebeln eng aneinander in die feuerfeste Schale stellen. Thymian abspülen und gut trocken tupfen. Jede Zwiebel mit je 1 Thymianstängel belegen. Zwiebeln in der indirekten Zone des Grills 45–60 Minuten bei mittlerer Hitze (180 °C) grillen, bis die Oberflächen leicht bräunen.

Zum Servieren die Schale entfernen und die Zwiebeln etwas pfeffern. Wer mag, spendiert den Zwiebeln noch einen Spritzer Olivenöl.

CRAFT BEER
DAS PASST DAZU

ALT

Charakter
angenehm bitter, herzhaft, auch rustikal
Alkoholgehalt
4,8–5,0 Vol.-%

CRAFT BEER
DAS PASST DAZU

ALT

Charakter
angenehm bitter, herzhaft,
auch rustikal

Alkoholgehalt
4,8–5,0 Vol.-%

SCHWEINERÜCKEN
braten
MIT FETA-FÜLLUNG

> *Da denkt man, da kommt ein normaler Braten vom Grill und dann offenbart sich in seinem Inneren eine Füllung aus Feta, Oliven und Tomaten!*

Temperatur: 150 °C indirekt | mit geschlossenem Deckel

ZUTATEN
(6–8 Portionen)

1,5 kg Schweinerücken
1 EL Dijonsenf
etwas Rapsöl

RUB
1 TL getrockneter Majoran
1 TL getrockneter Thymian
1 TL getrockneter Oregano
½ TL geräuchertes Paprikapulver
½ TL Knoblauchgranulat
1 TL Korianderkörner
1 TL Zwiebelpulver
1 TL Zucker
1 TL Salz

FÜLLUNG
200 g Feta
1 mittelgroße Zwiebel
8 getrocknete schwarze Oliven
    (entsteint)
8 getrocknete eingelegte Tomaten

AUSSERDEM
Küchengarn
1 Grillschale

ZUBEREITUNG

FÜR DEN RUB
Die Zutaten für den Rub im Mörser zerkleinern und mischen.

Das Fleisch parieren, d. h. von Fett und Sehnen befreien, anschließend mit einem langen Messer längsseitig aufschneiden, sodass eine dicke Scheibe entsteht (kann auch der Fleischer erledigen), ggf. etwas plattieren, dann mit etwas Senf und dem Rub einreiben. Fleisch in Folie wickeln und etwa 6 Stunden im Kühlschrank ruhen lassen.

FÜR DIE FÜLLUNG
Feta zerbröseln und in eine Schüssel geben, Zwiebel abziehen, klein schneiden und zum Feta geben. Oliven und Tomaten ebenfalls klein schneiden, hinzufügen und die Zutaten gut vermengen. Falls etwas Rub übrig ist, diesen untermischen.

Den Grill auf 150 °C indirekte Hitze einstellen. Fleisch aus dem Kühlschrank holen und bei Zimmertemperatur mit der Feta-Füllung belegen. Fest zusammenrollen und mit Küchengarn verschnüren.

Den gerollten Braten auf den Rost oder in eine Grillschale legen, mit etwas Rapsöl bestreichen und bei geschlossenem Grilldeckel etwa 90 Minuten grillen. Alle 30 Minuten mit etwas Öl einstreichen.

Bei einer Kerntemperatur von etwa 70 °C den Braten vom Rost nehmen, in Alufolie einschlagen und 10 Minuten ruhen lassen. Zum Servieren das Küchengarn entfernen und das Fleisch in Scheiben schneiden.

TIPP
Als Beilage schmecken z. B. Rosmarinkartoffeln, Kartoffelwedges oder ein frischer Salat.

CRAFT BEER
DAS PASST DAZU

RAUCHBIER
Charakter
vollmundig und rauchig
Alkoholgehalt
5,0–6,0 Vol.-%

spanferkel
SCHULTER

Eine ganz klare Sache für alle, die Spanferkel und knusprig-würzige Schwarte lieben.

Temperatur: 160 °C indirekt | mit geschlossenem Deckel

ZUTATEN
(6 Portionen)

1,2 kg Spanferkelschulter
   mit Schwarte

RUB
1 EL Abrieb von 1 Bio-Orange
1 TL Pfefferkörner
1 TL Koriandersamen
1 TL Knoblauchgranulat
1 TL Ingwerpulver
4 Wacholderbeeren
1 TL ganzer Kümmel
1 EL Rauchsalz

ZUBEREITUNG

FÜR DEN RUB
Die Zutaten für den Rub fein mörsern und mischen.

Die Schwarte der Spanferkelschulter mit langen Schnitten einritzen und die Schulter mit dem Rub großzügig einreiben. Die Schulter, abgedeckt oder in Folie gewickelt, etwa 4 Stunden ruhen lassen.

Den Grill auf 160 °C indirekte Hitze vorbereiten.

Die Spanferkelschulter je 1 Stunde von beiden Seiten grillen. Für eine krosse Haut die Hitze 10 Minuten vor Ende der Grillzeit auf 220 °C erhöhen. Den Deckel geschlossen halten.

TIPP

Zur Spanferkelschulter schmeckt besonders gut der gegrillte Butterrotkohl auf der nächsten Seite.

Butter ROTKOHL

Ein Klassiker, neu interpretiert mit Mandeln und vom Grill,
der nicht nur etwas fürs Auge, sondern auch den Gaumen ist!

Temperatur: 180 °C indirekt | mit geschlossenem Deckel

ZUTATEN
(4 Portionen)

3 EL ganze geschälte Mandeln
100 g geräucherter Speck
250 g weiche Butter
1 TL Abrieb von 1 Bio-Orange
Salz und Pfeffer
1 kleiner Rotkohl

ZUBEREITUNG

Mandeln klein hacken, den Räucherspeck in Würfel schneiden, mit Butter, Orangenschale sowie etwas Salz und Pfeffer vermengen.

Vom Rotkohl die äußeren welken Blätter abnehmen. Anschließend mit einem scharfen Messer den Rotkohl etwas aushöhlen, mit der Buttermasse füllen und mit einer doppelten Lage Alufolie einwickeln.

In der indirekten Zone des Grills etwa 90 Minuten garen, bis der Kohl weich ist (anpieksen). Je nach Größe etwas länger grillen.

CRAFT BEER
DAS PASST DAZU

IPA

Charakter
starke Hopfennote, fruchtige Aromen wie Maracuja und Papaya

Alkoholgehalt
6–10 Vol.-%

GEGRILLTE
Brezen
KNÖDEL

*Knödel zu Grillfleisch? Ja, warum nicht,
wenn sie so lecker wie diese schmecken!*

Temperatur: 150 °C direkt | mit offenem Deckel

ZUTATEN
(4 Portionen)

4 Brezen vom Vortag
1 Zwiebel
etwas Öl
200 ml Milch
1 TL Salz
etwas Muskat, frisch gerieben
2 Eier
etwas Butter

ZUBEREITUNG

Die Brezen in 1 cm große Stücke schneiden und in eine Schüssel legen. Zwiebel abziehen und fein hacken. In etwas Öl anschwitzen. Das Ganze zu den Brezenstücken geben.

Milch mit Salz und Muskatnuss aufkochen, die Eier verschlagen, beides mit den Brezenstücken locker vermengen.

2 Blätter Alufolie mit Klarsichtfolie belegen. Knödelmasse auf die beiden Folienstücke verteilen, zu Rollen formen (5 cm Durchmesser) und einwickeln. An den Enden fest verdrehen.

Die Rollen etwa 30 Minuten in leicht köchelndem Wasser garen. Vollständig auskühlen lassen.

Zum Grillen die Rollen in etwa 1 cm dicke Scheiben schneiden, Butter zerlassen und die Scheiben damit bestreichen. Bei mittlerer Hitze grillen, bis die Scheiben die gewünschte Bräunung erreichen.

TIPP

Wer mag, gibt noch etwas fein gewürfelten Speck und gehackte Kräuter in die Knödelmasse.

CRAFT BEER
DAS PASST DAZU
HELL/LAGER

Charakter
feinwürzig, leicht,
vollmundig, mild

Alkoholgehalt
4,5–5,5 Vol.-%

CRAFT BEER

DAS PASST DAZU

WEIZENBOCK

Charakter
spritzig, vollmundig,
malzaromatisch, Spur
bananenartig

Alkoholgehalt
6,0–8,0 Vol.-%

GERÄUCHERTE spareRIBS

Von diesen leckeren Spareribs kann man gar nicht genug zubereiten ... sie lassen sich pur wegknabbern.

Temperatur: 120 °C indirekt | mit geschlossenem Deckel

ZUTATEN
(8 Portionen)

1,5–2 kg Schweinerippchen
(oder Querrippe vom Rind)

RUB
½ TL geräuchertes Paprikapulver
2 TL Salz
1 TL Senfpulver
1 TL Piment d´Espelette
2 TL Kreuzkümmelsamen
2 TL brauner Zucker
1 TL schwarze Pfefferkörner
2 TL Knoblauchgranulat

GLASUR
100 ml dunkle Barbecue-Soße
1 EL Ahornsirup
1 kleine Flasche Chilisoße

1 Flasche Craft Beer
Frühlingszwiebeln, klein
geschnitten
Chilischoten, klein geschnitten

AUSSERDEM
Räucherholz-Chunks oder Chips

ZUBEREITUNG

FÜR DEN RUB UND DIE GLASUR
Die Zutaten für den Rub mörsern und mischen. Ebenso die Zutaten für die Glasur verrühren.

Die Schweinerippchen von überschüssigem Fett, Knochensplittern und von der Silberhaut befreien, abspülen und trocken tupfen. Fleisch mit dem Rub einreiben, in Folie wickeln und etwa 4 Stunden, am besten über Nacht, im Kühlschrank ruhen lassen.

Den Grill auf 120 °C indirekte Hitze vorbereiten, ggf. Tropfschale einsetzen. Bei Verwendung eines Brikettgrills 3–4 Räucherholz-Chunks auf bzw. an die Briketts legen, bei Verwendung eines Gasgrills kommt eine Räucherbox zum Einsatz (siehe Herstelleranleitung). Das Fleisch auf den Rost oder in den Sparerib-Halter legen und bei geschlossenem Deckel 2–3 Stunden räuchern.

Für die nächste Grillphase Spareribs auf eine doppelte Lage Alufolie legen und mit einem guten Schuss Craft Beer begießen, die Folie gut verschließen und für weitere 1,5–2 Stunden bei unveränderter Temperatur dämpfen. Den Grilldeckel geschlossen halten.

Nach dem Dämpfen Spareribs aus der Folie nehmen und mit der Glasur bestreichen. Weitere 45 Minuten bei unveränderter Temperatur auf dem Rost fertiggrillen. Dann Spareribs mit einem scharfen Messer in Portionen schneiden und nach Belieben mit klein geschnittenen Frühlingszwiebeln und klein geschnittener Chilischote bestreuen.

TIPP
Zu den rauchigen Spareribs schmeckt unser selbst gemachter Coleslaw (siehe Seite 53).

CRAFT BEER

DAS PASST DAZU

STOUT

Charakter
röstaromatisch, strenge
Bittere

Alkoholgehalt
4,0–5,0 Vol.-%

T-BONE *steaks*

MIT TOMATEN-RELISH

> *Gemüse-Pommes und ein Relish aus Tomaten sind ideale Begleiter für diese saftigen T-Bone-Steaks.*

Temperatur: 250 °C direkt und indirekt | mit geschlossenem und offenem Deckel

ZUTATEN
(4 Portionen)

RELISH
10 eingelegte getrocknete Tomaten
1 kleines Bund Minze
1 kleine Chilischote
Saft von 1 Zitrone
½ TL Knoblauchgranulat
100 ml Rapsöl
Salz

50 g Butter
2 EL Rapsöl
2 große T-Bone-Steaks (je 700 g)

ZUBEREITUNG

FÜR DAS RELISH
Eingelegte Tomaten fein hacken. Minze abspülen, trocken schütteln, Blätter abzupfen und fein hacken. Chili fein würfeln. Tomaten, Minze und Chilischote mit Zitronensaft, Knoblauchgranulat und Rapsöl mischen, mit Salz abschmecken.

Den Grill für 250 °C direkte und indirekte Hitze vorbereiten. Butter gemeinsam mit dem Rapsöl erhitzen.

Die Steaks entlang des Knochens etwas einschneiden, mit der flüssigen Butter-Rapsöl-Mischung bestreichen und von jeder Seite 4 Minuten grillen. Anschließend weitere 4 Minuten mit geschlossenem Deckel in der indirekten Zone garen. Das Fleisch entlang des Knochens auslösen und mit dem Tomaten-Relish überziehen.

TIPP

Zum T-Bone-Steak passen sehr gut Gemüsepommes (siehe Seite 65).

CRAFT BEER
DAS PASST DAZU

KRISTALLWEIZEN

Charakter
weizenaromatisch, teilweise
angenehm blumig oder
fruchtig

Alkoholgehalt
4,5–5,5 Vol.-%

chicken
TANDOORI STYLE

Leicht, serviert mit Brot zu einem Salat, sind diese Hähnchenfiletstücke eine köstliche Mahlzeit für den sommerlichen Grillspaß.

Temperatur: 250 °C indirekt | mit geschlossenem Deckel

ZUTATEN
(4 Portionen)

800 g Hähnenbrustfilet

MARINADE
4 Knoblauchzehen
2 TL Ingwer, frisch gerieben
Saft von 1 Limette
2 EL Honig
1 kleines Bund Koriander
200 g Naturjoghurt
1 Msp. gemahlener Zimt
1 TL gemahlene Kurkuma
1 TL gemahlener Koriander
1 EL Garam Masala
Salz

AUSSERDEM
1 Gussplatte oder
  feuerfeste Pfanne

ZUBEREITUNG

Die Hähnchenbrust in grobe Stücke schneiden und beiseitelegen.

FÜR DIE MARINADE
Knoblauch abziehen und durch eine Presse in eine Schüssel geben. Ingwer, Limettensaft und Honig unterrühren. Koriander abspülen, trocken schütteln, Blätter abzupfen und hacken. Joghurt, Zimt, Kurkuma, Koriander, Garam Masala und Salz zugeben und gut mischen.

Hähnchenbruststücke mit der Marinade vermengen und über Nacht abgedeckt in den Kühlschrank stellen.

Den Grill auf 250 °C vorbereiten und eine gusseiserne Platte auf den Rost legen (oder eine feuerfeste Pfanne).

Kleine Schiffchen aus Alufolie formen, die marinierten Hähnchenbruststücke hineingeben und offen auf die Gussplatte legen. Den Grilldeckel schließen und etwa 20 Minuten grillen, bis das Fleisch leicht bräunt.

 TIPP

Mit frischem Salat und Naan-Brot (siehe Seite 107) servieren.

BABA *Ganoush*

Auberginenpüree mit Grillaroma – das lässt sich fast nebenbei machen und wird ganz schnell weggelöffelt sein.

Temperatur: 180° C direkt | mit geschlossenem/offenem Deckel

ZUTATEN
(4 Portionen)

2 mittelgroße Auberginen

3 EL Olivenöl

3 Knoblauchzehen

5 eingelegte getrocknete Tomaten

2 Stängel Petersilie

2 EL Tahin (Sesammus)

4 EL Naturjoghurt

Salz und Pfeffer

ZUBEREITUNG

Auberginen waschen und die Enden jeweils abschneiden, dann in etwa ½ cm dicke Scheiben schneiden. Mit etwas Öl bestreichen und bei mittlerer Hitze etwa 5 Minuten von beiden Seiten grillen.

Knoblauch abziehen und fein hacken, in ein kleines Sieb geben und mit heißem Wasser übergießen. Getrocknete Tomaten ebenfalls fein hacken. Petersilie waschen, trocken schütteln, die Blätter abzupfen und fein hacken.

Gegrillte Auberginen mit einem Pürierstab nicht ganz fein pürieren, mit den restlichen Zutaten verrühren und mit einem Schneebesen glatt rühren. Mit Salz und Pfeffer abschmecken.

CRAFT BEER
DAS PASST DAZU

PILS

Charakter
ausgeprägte, feinherbe Hopfenbittere, schlank

Alkoholgehalt
4,0–5,5 Vol.-%

naan
BROT

> Fladenbrot auf indische Art lässt sich zu allen Fleisch- und Gemüsegerichten servieren. Oder ein Dip dazu und schon hat man eine Vorspeise.

ZUTATEN
(6 Brote)

100 ml Milch
10 g frische Hefe
½ TL Zucker
100 g Naturjoghurt
250 g Weizenmehl
½ TL Backpulver
½ TL Salz

ZUBEREITUNG

Die Milch lauwarm erwärmen und in eine Schüssel gießen, Hefe hineinbröckeln und darin auflösen. Zucker und Joghurt zufügen, mit dem Schneebesen glatt rühren.

Mehl, Backpulver und Salz in einer zweiten Schüssel mischen. Nun alles zusammenfügen und mit den Knethaken des Handrührgeräts zu einem glatten Teig verarbeiten. 1 Stunde zugedeckt ruhen lassen.

Aus dem Teig 6 Kugeln formen und auf einer bemehlten Arbeitsfläche dünn ausrollen. Nochmals 15 Minuten abgedeckt gehen lassen.

Eine beschichtete Pfanne stark vorheizen. Die Fladen ohne Zugabe von Fett von jeder Seite 1–2 Minuten backen, bis sich Blasen bilden.

CRAFT BEER

DAS PASST DAZU

ALT

Charakter
angenehm bitter, herzhaft,
auch rustikal

Alkoholgehalt
4,8–5,0 Vol.-%

Tomahawk STEAK
MIT SENFKRUSTE

Nicht nur etwas für Fleischanbeter! Diese köstlichen Schweinenacken-steaks mit Senfkruste werden allseits auf große Zustimmung stoßen!

Temperatur: 200 °C direkt und indirekt | mit geschlossenem und offenem Deckel

ZUTATEN
(4 Portionen)

4 Tomahawk-Steaks vom Schwein
  aus dem Nackenbereich (beim
  Fleischer vorbestellen)
etwas Rapsöl
Salz und Pfeffer

SENFKRUSTE
4 EL grobkörniger Senf
2 EL Dijonsenf
150 g sehr weiche Butter
1 TL Salz
50 g Panko oder Semmelbrösel
etwas Abrieb von 1 Bio-Zitrone
Salz und Pfeffer

ZUBEREITUNG

FÜR DIE SENFKRUSTE
Die Zutaten für die Senfkruste in eine Schüssel geben, mit Salz und Pfeffer würzen und gut miteinander vermengen.

Den Grill für 200 °C direkte und indirekte Hitze vorbereiten.

Tomahawk-Steaks mit etwas Rapsöl bestreichen, salzen und pfeffern, dann von beiden Seiten jeweils 4 Minuten angrillen.

Die Senfkruste einseitig auf den Steaks verteilen, etwas andrücken und bei indirekter Hitze etwa 10 Minuten bei geschlossenem Deckel weiter-grillen, bis die Kruste schön braun geworden ist.

Vor dem Servieren die Steaks 5 Minuten ruhen lassen.

TIPP

Zu diesem Gericht schmecken aufgeschnittene, gegrillte Brezenknödel (siehe Seite 99).

FISH

»Widme dich der LIEBE
und dem KOCHEN
mit ganzem Herzen.«

Dalai Lama

CRAFT BEER

DAS PASST DAZU

LEICHTES WEISSBIER/
WEIZENSCHANKBIER

Charakter
spritzig, hefearomatisch

Alkoholgehalt
2,5–3,5 Vol.-%

*Eine absolute Delikatesse aus dem Meer auf dem Grill:
Wer könnte da schon widerstehen?*

Temperatur: 250–300 °C direkt | mit geschlossenem Deckel

ZUTATEN
(4 Portionen)

1 kleines Bund glatte Petersilie
200 g weiche Butter
1 TL feiner Abrieb von 1 Bio-Zitrone
2 Spritzer Tabasco-Soße

24 Austern, z. B. pazifische
   Felsenauster

Pecorino (geraspelt) nach Belieben

ZUBEREITUNG

Petersilie abspülen, trocken schütteln, Blätter von den Stängeln zupfen und sehr fein hacken. Mit Butter, Zitronenschale und Tabasco-Soße mischen und kalt stellen.

Den Grill auf für 250–300 °C direkte Hitze vorbereiten.

Austern mit einem Austernmesser am Gelenk (an der Spitze der Auster) öffnen und den seitlich sitzenden Schließmuskel durchtrennen. Unbedingt die Hände dabei schützen, z. B. mit einem speziellen Handschuh, oder die Auster fest mit einem Küchentuch umwickeln. Das Austernwasser nicht wegschütten, sondern in den Austern belassen!

Austern mit Kräuterbutterflöckchen belegen und ggf. mit etwas Pecorino-Käse bestreuen. Bei direkter Hitze und (möglichst) geschlossenem Deckel etwa 4–5 Minuten grillen.

TIPP

Die Austern können auch ungeöffnet auf den Grill gelegt und erst anschließend gewürzt werden, das dauert ein paar Minuten länger. Durch die Hitze öffnet sich die Auster nämlich von selbst.

CRAFT BEER

DAS PASST DAZU

KRISTALLWEIZEN

Charakter
weizenaromatisch, teilweise
angenehm blumig oder
fruchtig

Alkoholgehalt
4,5–5,5 Vol.-%

GEDÄMPFTE Forelle
AUF ASIATISCHE ART

> Hm ... Forellenliebhaber kommen bei dieser
> asiatischen Variante voll auf ihre Kosten.

Temperatur: 160 °C indirekt | mit geschlossenem Deckel

ZUTATEN
(4 Portionen)

4 Forellen (küchenfertig)

BUTTER-MARINADE
100 g Butter
20 g Ingwer, frisch gerieben
2 TL Koriander, fein gehackt
2 kleine Chilischoten, in Scheiben
½ TL Knoblauchgranulat
Saft von 1 Limette

Salz
50 g Ingwer, in Scheiben, oder
   1 Limette, in Scheiben

ZUBEREITUNG

Den Grill für 160 °C indirekte Hitze vorbereiten.

FÜR DIE BUTTER-MARINADE
Butter in einem Topf zerlassen, geriebenen Ingwer zufügen und bis kurz vor dem Siedepunkt erhitzen. Topf vom Herd ziehen, etwas abkühlen lassen, dann den gehackten Koriander, Chilischeiben, Knoblauchgranulat und Limettensaft untermischen.

Für die Fische 4 Aluschiffchen vorbereiten. Die Haut der Fische einschneiden, innen und außen leicht salzen, mit der Butter-Marinade einstreichen und in die Schiffchen legen. Die Bauchhöhle und die Hauteinschnitte mit Ingwer- bzw. Limettenscheiben spicken, dann die Folienschiffchen ordentlich verschließen.

Forellen etwa 30 Minuten auf den Grillrost legen, möglichst bei geschlossenem Grilldeckel.

TIPP

Probieren Sie zu diesem Gericht den Quinoa-Edamame-Salat auf der nächsten Seite.

QUINOA-EDAMAME *salat*

Frisch, gesund, trendy! Die Edamame ist das Superfood aus Japan und punktet mit viel Eisen, Kalzium und Vitaminen.

ZUTATEN
(4 Portionen)

125 g Quinoa
200 g TK-Edamame (Sojabohnen)
1 kleine Möhre

DRESSING
3 EL Limetten- oder Zitronensaft
3 EL Rapsöl
2 EL helle Sojasoße
1 TL Ahornsirup
½ TL Ingwer, frisch gerieben
Pfeffer

ZUBEREITUNG

Quinoa gründlich abspülen und nach Packungsangabe in Wasser garen. In den letzten 5 Minuten Edamame-Bohnen zufügen und mitgaren. Dann das Wasser abgießen, etwas abkühlen lassen.

Möhre schälen und in dünne Streifen schneiden oder raspeln.

FÜR DAS DRESSING
Alle Zutaten miteinander verrühren.

Quinoa, Bohnen und Möhre mit dem Dressing in einer Schüssel mischen und den Salat etwas ziehen lassen.

CRAFT BEER
DAS PASST DAZU
KRISTALLWEIZEN
Charakter
weizenaromatisch, teilweise angenehm blumig oder fruchtig
Alkoholgehalt
4,5–5,5 Vol.-%

KARTOFFELSALAT
Püree

Püree statt des traditionellen Kartoffelsalats?
Diese Variante wird im Nu weggeputzt sein.

ZUTATEN
(4 Portionen)

400 g mehligkochende Kartoffeln

2 kleine Zwiebeln

30 g Butter

200 ml Gemüsebrühe

30 ml Keimöl

60 ml milder heller Essig

2 TL Dijonsenf

Salz und Pfeffer

1 EL frische Kräuter nach Wahl

ZUBEREITUNG

Kartoffeln schälen, waschen, in grobe Stücke schneiden und in Wasser gar kochen. Kartoffeln ein wenig ausdämpfen lassen und anschließend durch eine Kartoffelpresse drücken.

Zwiebeln schälen und fein schneiden, in der Butter anschwitzen, bis sie leicht bräunen. Dann über die Kartoffelmasse geben und mit den restlichen Zutaten (außer Salz, Pfeffer und Kräutern) vermengen.

Mit Salz und Pfeffer abschmecken und, mit fein gehackten frischen Kräutern, z. B. Petersilie oder Schnittlauch, bestreut, servieren.

CRAFT BEER

DAS PASST DAZU

KÖLSCH

Charakter
teilweise angenehm blumig oder fruchtig, angenehm herb

Alkoholgehalt
4,6–5,1 Vol.-%

CRAFT BEER
DAS PASST DAZU

PILS

Charakter
ausgeprägte, feinherbe
Hopfenbittere, schlank

Alkoholgehalt
4,0–5,5 Vol.-%

JAKOBS *muschel*
IM MAISBLATT MIT TOMATENSUGO

Sie erwarten Gäste und suchen nach einem ausgefallenen Rezept? Diese Jakobsmuscheln im Maisblatt werden noch lange in Erinnerung bleiben.

Temperatur: 180 °C direkt | mit offenem Deckel

ZUTATEN
(4 Portionen)

4 Maisblätter
8 Jakobsmuscheln, ausgelöst
Salz und Pfeffer

TOMATENSUGO
250 g rote Mini- oder Spitz-Paprika
2 rote Zwiebeln
2 Knoblauchzehen
Olivenöl
2 TL geräuchertes Paprikapulver
½ TL Piment d´Espelette
1 TL Zucker
1 Dose gehackte Tomaten (400 g)
2 EL Essig
Salz und Pfeffer

AUSSERDEM
Küchengarn

ZUBEREITUNG

Maisblätter in eine Schale mit Wasser legen und mit einem schweren Gegenstand, z. B. einem Stein, beschweren. 45 Minuten einweichen.

Den Grill auf 180 °C direkte Hitze vorbereiten.

FÜR DEN TOMATENSUGO
Paprika auf den Grill legen und grillen, bis sich schwarze Blasen bilden. Vom Grill nehmen, 15 Minuten abgedeckt abkühlen lassen.

Zwiebeln und Knoblauch schälen und fein schneiden, in Olivenöl anschwitzen. Geräuchertes Paprikapulver, Piment d´Espelette und Zucker zufügen, kurz mitrösten, dann mit Tomatenstücken und Essig ablöschen. 20 Minuten offen einköcheln, mit Salz und Pfeffer abschmecken.

Inzwischen die gegrillte Paprika enthäuten, entkernen und klein geschnitten zum Tomatensugo geben.

Maisblätter aus dem Wasser nehmen, etwas Öl in die Mitte träufeln und die Jakobsmuscheln darauflegen, salzen und pfeffern, dann das Tomatensugo darauf verteilen. Maisblätter möglichst dicht mit Küchengarn zu Schiffchen verschnüren.

Maisschiffchen bei direkter Hitze 8 Minuten grillen.

TIPP
Als Beilage eignen sich die geschmorten Zwiebeln und der in Bacon gegrillte Weißkohl auf der nächsten Seite.

Rotwein ZWIEBELN

Ein Klassiker, der Rotwein und Zwiebeln zu einem perfekten Paar vereint. Vor allem zu Gegrilltem passt er wunderbar.

ZUTATEN
(4 Portionen)

400 g rote Zwiebeln
2 EL Zucker
400 ml Rotwein
100 ml Portwein
2 TL Aceto balsamico
100 g kalte Butter
Salz und Pfeffer

ZUBEREITUNG

Zwiebeln schälen und in Spalten oder Scheiben schneiden.

Zucker in einer Pfanne schmelzen, mit Rot- und Portwein angießen und auf die Hälfte einköcheln lassen.

Zwiebeln und Aceto balsamico zugeben und das Ganze bei geschlossenem Deckel etwa 20 Minuten köcheln lassen.

Zum Schluss die kalte Butter in Stücken zufügen, schmelzen lassen, mit Salz und Pfeffer abschmecken.

CRAFT BEER
DAS PASST DAZU
IPA
Charakter
starke Hopfennote, fruchtige Aromen wie Maracuja und Papaya
Alkoholgehalt
6–10 Vol.-%

Weißkohl PÄCKCHEN

Weißkohl mit Röstaroma und köstlichem Butter-Honig-Dressing, mit Speck zum Päckchen gewickelt: Das ist schon pur eine kulinarische Verführung.

Temperatur: 180° C indirekt | mit offenem Deckel

ZUTATEN
(4 Portionen)

DRESSING
20 g Butter
1 EL Rapsöl
1 EL Honig
Salz und Pfeffer

1 kleiner Weißkohl
8 Scheiben Bacon
 (Frühstücksspeck)

ZUBEREITUNG

FÜR DAS DRESSING
Butter zerlassen, Rapsöl und Honig zufügen und mischen, mit Salz und Pfeffer abschmecken.

Vom Weißkohl die äußeren welken Blätter entfernen, den Strunk herausschneiden. Weißkohl vierteln und in 2 cm dicke Scheiben schneiden. Die Scheiben mit etwas Dressing bestreichen und mit Bacon umwickeln.

Die Päckchen bei mittlerer Hitze (180 °C) im indirekten Bereich des Grills etwa 10 Minuten von beiden Seiten grillen.

CRAFT BEER

DAS PASST DAZU

SCHWARZBIER

Charakter
röstaromatisch, leicht malzaromatisch, hopfenbitter, süffig

Alkoholgehalt
5,0–5,5 Vol.-%

CRAFT BEER

DAS PASST DAZU

PILS

Charakter
ausgeprägte, feinherbe
Hopfenbittere, schlank

Alkoholgehalt
4,0–5,5 Vol.-%

MIES *muscheln*

Muschel- und Grillfreunde werden bei diesen direkt gegrillten Miesmuscheln garantiert mehrmals zugreifen.

Temperatur: 200 °C direkt | mit geschlossenem Deckel

ZUTATEN
(4 Portionen)

2 kg Miesmuscheln (küchenfertig)
100 g Butter
2–3 Knoblauchzehen
1 kleines Bund Zitronenthymian
1 Schuss Olivenöl

Saft und Zesten von 1 Bio-Zitrone

AUSSERDEM
1 Grillschale

ZUBEREITUNG

Den Grill für 200 °C direkte Hitze vorbereiten.

Miesmuscheln verlesen, geöffnete Muscheln wegwerfen.

Butter zerlassen. Knoblauch abziehen und fein hobeln. Zitronenthymian waschen, trocken schütteln, Blätter abziehen und grob hacken. Knoblauch, Zitronenthymian und Olivenöl zur Butter geben und 5 Minuten köcheln lassen.

Miesmuscheln kurz vor dem Grillen mit der zerlassenen Butter marinieren, dann in eine Grillschale oder auf eine Grillplatte geben und bei geschlossenem Deckel 10 Minuten grillen.

Mit Zitronensaft beträufeln und mit Zitronenzesten bestreuen. In einer großen Schüssel servieren.

CRAFT BEER
DAS PASST DAZU

KÖLSCH

Charakter
teilweise angenehm blumig
oder fruchtig, angenehm
herb

Alkoholgehalt
4,6–5,1 Vol.-%

PULLED *Lachs*
VON DER PLANKE IN DIE SCHNITTE

> *Ein Klassiker im modernen Kleid, auf gegrilltem Brot angerichtet, macht Lust auf mehr!*

Temperatur: 150 °C direkt und indirekt | mit geschlossenem Deckel

ZUTATEN
(4 Portionen)

MARINADE

1 kleines Bund Estragon
1 kleines Bund Petersilie
1 kleine Chilischote
1 kleine Frühlingszwiebel
100 ml Olivenöl
1 EL Dijonsenf
1 EL helle Sojasoße
1 EL Pernod (Anisschnaps)
Salz und Pfeffer

1 Fenchelknolle
1 Lachsseite mit Haut (600–800 g)
4 Brotscheiben oder
   Burger-Brötchen
100 g würzige Pflücksalatmischung
   (küchenfertig)

AUSSERDEM

1 Holzplanke, z. B. von der Zeder

ZUBEREITUNG

FÜR DIE MARINADE

Die Kräuter für die Marinade waschen, trocken schütteln, Blätter abzupfen und fein schneiden. Chilischote und Frühlingszwiebel ebenfalls klein schneiden. Mit den restlichen Marinade-Zutaten vermischen, vorsichtig abschmecken und ziehen lassen.

Fenchel putzen, den Strunk entfernen, waschen und in feine Scheiben schneiden, mit etwas Marinade bestreichen und ziehen lassen.

Den Grill auf 150 °C direkte und indirekte Hitze vorbereiten, die Holzplanke kurz in die direkte Zone legen, bis sie raucht, dann in der indirekten Zone platzieren. Lachs mit der Hautseite nach unten auf die Planke legen und mit etwas Marinade bestreichen. Bei geschlossenem Deckel etwa 25 Minuten grillen.

Während des Grillvorganges die marinierten Fenchelscheiben und ggf. Brotscheiben oder Burger-Brötchen in der direkten Zone des Grills leicht knusprig bräunen.

Den fertig gegarten Lachs von der Haut befreien, in eine Reine oder ein tiefes Backblech legen und mit zwei Gabeln in Stücke zupfen. Den Pflücksalat mit der restlichen Marinade vermischen und unter die Lachsstücke mischen.

Brotscheiben mit dem gegrillten Fenchel und der Lachs-Salat-Mischung belegen. Noch leicht warm servieren.

TIPP

Natürlich eignen sich auch andere Fische für die Zubereitung, z. B. Seelachs, Lachsforelle oder Kabeljau.

CRAFT BEER

DAS PASST DAZU

KRISTALLWEIZEN

Charakter
weizenaromatisch, teilweise
angenehm blumig oder
fruchtig

Alkoholgehalt
4,5–5,5 Vol.-%

Pulpo
MIT SCHINKENCHIPS

Pulpo und Schinken, das ist für manch einen eine ungewöhnliche Paarung. Probieren Sie es aus und lassen Sie sich begeistern.

Temperatur: 200 °C direkt | mit geschlossenem/offenem Deckel/Kontaktgrill

ZUTATEN
(4 Portionen)

600 g Pulpo (Krake, küchenfertig)
50 ml Essig
1 Lorbeerblatt
½ TL Pfefferkörner
4 Knoblauchzehen, geschält
200 g fein aufgeschnittener
   Schinken oder Südtiroler Speck
etwas Paprikapulver
etwas Rapsöl
Saft von 1 Zitrone
½ TL Salz
1 TL Paprikapulver
Pfeffer
etwas Olivenöl
etwas gehackte Petersilie
1 Chilischote, klein geschnitten

AUSSERDEM
1 Grillschale

ZUBEREITUNG

Den gesäuberten Pulpo im Ganzen in einen Topf legen und mit Wasser bedecken. Essig, Lorbeerblatt, Pfefferkörner und Knoblauch zufügen. Bei geschlossenem Deckel aufkochen, 10 Minuten köcheln lassen, anschließend im Kochwasser auskühlen lassen.

Inzwischen den Backofen auf 100 °C Umluft vorheizen, den Schinken ggf. zuschneiden, mit etwas Paprikapulver bestäuben und auf einem mit Backpapier ausgelegten Blech verteilen. Bei leicht geöffneter Ofenklappe etwa 1 Stunde trocknen.

Den Grill für 200 °C direkte Hitze vorbereiten. Den abgekühlten Pulpo mit einem Messer in Stücke zerteilen.

Die weich gekochten Knoblauchzehen mit einem guten Schuss Rapsöl und dem Saft der Zitrone zerdrücken, Salz, Paprikapulver und etwas Pfeffer zufügen. Die Pulpostücke kurz darin marinieren.

Pulpo in einer Grillschale etwa 10 Minuten grillen.

Zum Servieren mit einem Schuss Olivenöl, gehackter Petersilie und fein geschnittener Chilischote mischen. Die Schinkenchips dazureichen.

TIPP
Zu diesem Gericht schmeckt besonders gut der Grillkartoffelsalat auf der nächsten Seite.

GRILLKARTOFFEL
salat

> Dieser Salat kommt ganz ohne Mayonnaise aus. Dafür besticht er mit einzigartigen Fenchel- und Paprika-Aromen.

Temperatur: ca. 180 °C indirekt | mit geschlossenem Deckel

ZUTATEN
(4 Portionen)

1 TL Fenchelsaat
1 TL schwarzer Pfeffer
2 TL grobes Meersalz
½ TL geräuchertes Paprikapulver
1 kg festkochende Kartoffeln
1 EL Rapsöl
1 Handvoll Babyspinat
5 eingelegte getrocknete Tomaten
1 EL Olivenöl
1 Spritzer Zitronensaft
Salz und Pfeffer

AUSSERDEM
1 Grillschale nach Belieben

ZUBEREITUNG

Fenchelsamen, schwarzen Pfeffer und Meersalz mörsern, mit dem geräucherten Paprikapulver mischen.

Kartoffeln waschen, mit Schale in Spalten schneiden und mit Rapsöl und dem vorbereiteten Gewürz-Mix marinieren.

Im indirekten Bereich des Grills etwa 1 Stunde garen, je nach Größe der Spalten direkt auf dem Rost oder in der Grillschale, zwischendurch wenden.

Kartoffeln auskühlen lassen. Babyspinat vorsichtig waschen und trocknen. Kartoffelspalten mit Spinat in eine Schüssel geben. Tomaten hacken und mit Olivenöl zugeben. Mit Zitronensaft und Salz und Pfeffer abschmecken.

CRAFT BEER
DAS PASST DAZU
ALT
Charakter
angenehm bitter, herzhaft, auch rustikal
Alkoholgehalt
4,8–5,0 Vol.-%

GRILLGEMÜSE
Cajun

> *Gemüse wie in der Cajun-Küche. Das liegt an der wunderbaren Gewürzmischung, mit der es überzogen wird.*

Temperatur: ca. 180 °C indirekt | mit geschlossenem Deckel

ZUTATEN
(4 Portionen)

CAJUNGEWÜRZ

1 TL schwarze Pfefferkörner
½ TL Pimentkörner
1 TL Kreuzkümmelsaat
1 TL Knoblauchgranulat
2 Nelken, 1 TL Senfkörner
1 TL getrockneter Oregano
1 TL getrockneter Thymian
etwas Muskat, frisch gerieben
1 Prise gemahlener Zimt
½ TL Piment d´Espelette
½ TL geräuchertes Paprikapulver
2 TL grobes Meersalz

GEMÜSE

je 1 gelbe und rote Paprika
2 kleine Zucchini
1 Fenchelknolle, 1 rote Zwiebel
1 Handvoll Champignons oder
    Austernpilze
etwas Rapsöl

ZUBEREITUNG

FÜR DAS CAJUNGEWÜRZ
Die ungemahlenen Zutaten in einer Pfanne leicht anrösten, anschließend mörsern und mit den bereits gemahlenen Zutaten mischen.

Den Grill für 180 °C indirekte Hitze vorbereiten.

FÜR DAS GEMÜSE
Paprika halbieren, entkernen, Trennwände entfernen, waschen und in mundgerechte Stücke schneiden. Zucchini waschen, die Enden abschneiden, klein schneiden. Fenchel putzen, waschen und ebenfalls klein schneiden. Zwiebel schälen und grob hacken. Pilze putzen und in Scheiben schneiden.

Das vorbereitete Gemüse mit etwas Rapsöl und 1–2 Esslöffel Cajungewürz marinieren. Bei mittlerer Hitze in einer Grillschale insgesamt 10 Minuten grillen und als Beilage servieren.

TIPP

Probieren Sie die Gewürzmischung auch als Rub für Fleischgerichte.

CRAFT BEER

DAS PASST DAZU

SCHWARZBIER

Charakter
röstaromatisch, leicht malzaromatisch, hopfenbitter, süffig

Alkoholgehalt
5,0–5,5 Vol.-%

CRAFT BEER
DAS PASST DAZU

ALT

Charakter
angenehm bitter, herzhaft,
auch rustikal

Alkoholgehalt
4,8–5,0 Vol.-%

STECKERL*fisch*

Klassisch, allerdings mit einem außergewöhnlichen Rub.
So bringt der Steckerlfisch ganz neue Gaumenfreuden.

Temperatur: 180 °C indirekt | mit geschlossenem/offenem Deckel

ZUTATEN
(4 Portionen)

4 küchenfertige Fische,
   z. B. Saibling, Makrele

RUB

2 EL Thymian, fein gehackt
2 EL Rosmarin, fein gehackt
2 TL Fenchelsamen
2 TL Knoblauchgranulat
2 TL Piment d´Espelette
3 TL Rauchsalz
2 TL Pfefferkörner
2 TL Abrieb von 1 Bio-Zitrone

100 ml Sonnenblumenöl

AUSSERDEM

4 Holzstöcke (ca. 60 cm), z. B.
   vom Weiden- oder Nussbaum,
   alternativ können auch breitere
   Metallspieße verwendet werden

ZUBEREITUNG

FÜR DEN RUB

Die trockenen Zutaten für den Rub mörsern. 1 Esslöffel Rub abnehmen und das Sonnenblumenöl damit würzen, beiseitestellen.

Die Haut der küchenfertigen Fische leicht einritzen und mit dem Rub innen und außen einreiben. 2 Stunden, am besten über Nacht, abgedeckt ruhen lassen, damit die Aromen in den Fisch ziehen können.

Den Grill für 180 °C indirekte Hitze vorbereiten.

Die „Steckerl" durch das Maul der Fische bis durch das Schwanzende schieben. Für die Steckerl einen Abstandshalter auf dem Grillrost platzieren (entweder aus dem Zubehörhandel oder einfach zwei gefaltete Grillschalen verwenden) und die Fische ohne direkten Kontakt zum Rost auflegen.

Während der Grillzeit von insgesamt etwa 20 Minuten die Fische immer wieder mit dem Würzöl bestreichen und wenden.

TIPP

Der Fisch kann natürlich ebenso gut mit der Fischzange zubereitet werden.

VEGGIE

»Sag mir, was DU ISST,
und ich sage dir,
was DU BIST.«

Jean Anthelme Brillat-Savarin

CRAFT BEER

DAS PASST DAZU

LEICHTES WEISSBIER/
WEIZENSCHANKBIER

Charakter
spritzig, hefearomatisch

Alkoholgehalt
2,5–3,5 Vol.-%

Halloumi
MIT GEMÜSE UND RADIESCHEN-PESTO

Halloumi ist der klassische Grillkäse und das zu Recht! Er schmilzt nicht davon und entwickelt wunderbare Grillaromen.

Temperatur: 180 °C direkt | mit offenem Deckel/Kontaktgrill

ZUTATEN
(4 Portionen)

3–4 kleine gelbe oder grüne Zucchini

1 Bund Radieschen

50 g Walnusskerne

4 EL Walnussöl

50 g Parmesan oder Pecorino, frisch gerieben

Salz und Pfeffer

etwas Rapsöl

400 g Halloumi-Käse (in Scheiben)

Sprossen nach Wahl

ZUBEREITUNG

Zucchini waschen, die Enden abschneiden, anschließend mit einem Gemüsehobel längs in Scheiben hobeln. Radieschen putzen, waschen und halbieren. Das Radieschen-Grün verlesen.

Walnüsse grob hacken und mit Walnussöl und geriebenem Käse zu einem Pesto mörsern, mit Salz und Pfeffer abschmecken.

Den Grill auf 180 °C direkte Hitze vorbereiten.

Zucchinischeiben mit etwas Rapsöl bestreichen. Mit dem in Scheiben geschnittenen Halloumi und den Radieschenhälften einige Minuten grillen, bis sich schöne Grillspuren bilden.

Zucchini wie Spaghetti aufdrehen und auf Tellern anrichten. Mit den gegrillten Radieschen und dem Halloumi belegen und mit Pesto überziehen. Zum Schluss mit frischen Sprossen und Radieschen-Grün garnieren.

TIPP

Wer es gerne etwas intensiver mag, mischt unter das Radieschen-Grün noch ein paar Rucola-Blätter.

CRAFT BEER

DAS PASST DAZU

IPA

Charakter
starke Hopfennote, fruchtige
Aromen wie Maracuja und
Papaya

Alkoholgehalt
6–10 Vol.-%

HERBST *salat*

In diesem Salat mit gegrilltem Gemüse, Obst und Brot vereinigen sich Herbst- und Röstaromen zu einem Best-of-Autumn.

Temperatur: 200 °C direkt | mit offenem Deckel

ZUTATEN
(4 Portionen)

250 g gemischter Salat, z. B. Rucola, Lollo rosso, Eichblatt, Friséesalat

SALATDRESSING
1 EL Kürbiskernöl
3 EL Obstessig
7 EL Traubenkernöl
1 TL Zucker
Salz und Pfeffer

je 100 g Champignons und Austernpilze
8 Pflaumen
je 50 g helle und dunkle Weintrauben
2 EL roter Aceto balsamico
etwas Rapsöl
Pfeffer
4 dickere Scheiben Parisienne-Brot oder Baguette
etwas Rapsöl
200 g Hokkaido-Kürbis
1 Zitrone
1 Handvoll Walnusskerne

Rauchsalz

ZUBEREITUNG

Den Grill mit Grillplatte auf 200 °C Hitze vorbereiten. Salat verlesen, waschen und trocken schleudern.

FÜR DAS DRESSING
Alle Zutaten miteinander verrühren.

Champignons und Austernpilze gründlich putzen und etwas kleiner schneiden. Pflaumen und Weintrauben waschen und trocken tupfen, Pflaumen entsteinen und kleiner schneiden, Weintrauben ebenfalls teilen. Pilze, Pflaumen und Trauben mit Aceto balsamico und etwas Rapsöl marinieren, leicht pfeffern.

Das Weißbrot in Würfel schneiden, mit etwas Rapsöl beträufeln. Kürbis gründlich waschen, mit Schale in dünne Scheiben schneiden, Kerne und Innenfasern entfernen. Kürbisscheiben mit Rapsöl bestreichen. Die Zitrone in Scheiben schneiden, ebenso wie die Walnüsse bereitstellen.

Champignons, Austernpilze, Pflaumen, Weintrauben, Brot, Kürbis, Zitrone und Walnüsse mit etwas Abstand auf die heiße Grillplatte geben und für wenige Minuten scharf grillen, zum Ende hin alles mit etwas Rauchsalz würzen.

Den frischen Salat mit dem Dressing marinieren, auf Teller verteilen und mit den gegrillten Zutaten anrichten.

TIPP
Wer mag, gibt noch einige Würfel Blauschimmelkäse über den Salat.

CRAFT BEER

DAS PASST DAZU

WEISSBIER + CASCADE

Charakter
weizen- und hopfenaroma-
tisch, fruchtig, frische
Hefenote, Citrusaroma

Alkoholgehalt
4,0–5,5 Vol.-%

Quesadillas

Das wird allen schmecken, nicht nur
Freunden der mexikanischen Küche.

Temperatur: 200 °C direkt | mit geschlossenem/offenem Deckel/Kontaktgrill

ZUTATEN
(4 Portionen)

4 Tortilla-Fladen

GEMÜSE

1 gelbe Paprikaschote

1 rote oder grüne Chilischote

2 Frühlingszwiebeln

1 kleines Bund grüner Thai-Spargel

1 Handvoll frischer Spinat

1 Schuss Olivenöl

Salz und Pfeffer

SAURE-SAHNE-KÄSE-MISCHUNG

200 g saure Sahne

200 g geriebener Käse, z. B. Gouda
oder Mozzarella

1 TL gemahlener Kreuzkümmel

1 TL gemahlener Koriander

GUACAMOLE

2 Avocados

1 EL Limettensaft

1 kleines Bund Koriander

Salz und Pfeffer

ZUBEREITUNG

Den Grill auf 200 °C direkte Hitze vorbereiten.

FÜR DAS GEMÜSE
Paprika halbieren, entkernen, Trennhäute entfernen, waschen und in kleine Stücke schneiden. Chilischote klein schneiden, Frühlingszwiebeln putzen, Spargel waschen und beides klein schneiden. Spinat waschen, trocken tupfen und grob zerkleinern. Alles mit etwas Olivenöl, Salz und Pfeffer marinieren. Anschließend in einer Grillschale anrösten.

FÜR DIE SAURE-SAHNE-KÄSE-MISCHUNG
Saure Sahne und geriebenen Käse mischen, gemahlenen Koriander und Kreuzkümmel zufügen, mit Salz und Pfeffer abschmecken.

FÜR DIE GUACAMOLE
Fruchtfleisch der Avocados auslösen, zerdrücken oder kurz pürieren, mit dem Limettensaft verrühren. Koriander waschen, trocken schütteln, Blätter abzupfen und fein schneiden. Zur Avocado geben und zu einer Guacamole verrühren. Mit Salz und Pfeffer abschmecken.

Tortilla-Fladen jeweils mit der Saure-Sahne-Käse-Mischung und der Guacamole bestreichen, das gegrillte Gemüse darauf verteilen, zusammenklappen und mit etwas Öl bestreichen. Anschließend bei leicht reduzierter Hitze auf dem Grill platzieren und etwa 4 Minuten von beiden Seiten grillen. Zum Servieren in Viertel zerteilen.

TIPP

Die Auswahl des Gemüses kann nach Belieben variiert werden.

CRAFT BEER

DAS PASST DAZU

SCHWARZBIER

Charakter
röstaromatisch, leicht
malzaromatisch,
hopfenbitter, süffig

Alkoholgehalt
5,0–5,5 Vol.-%

VEGGIE CAESARS SALAD

CAESARS *salad*

Salatherzen und Brot vom Grill, dazu ein Dressing, in dem viel Parmesan schlummert: Das ist vegetarisches Grillvergnügen auf hohem Niveau!

Temperatur: 200 °C direkt | mit geschlossenem/offenem Deckel/Kontaktgrill

ZUTATEN
(4 Portionen)

Parisienne-Brot (vom Vortag)
etwas Rapsöl
½ Knoblauchzehe

DRESSING

2 Knoblauchzehen
1 Eigelb
120 ml Olivenöl
2 EL heller Aceto balsamico
   oder Zitronensaft
2 Sardellenfilets
2 EL Worcestersoße
1 TL Zucker
2 TL Dijonsenf
Salz und Pfeffer
80 g Parmesankäse, frisch gerieben

4 Romanasalatherzen
etwas Rapsöl

ZUBEREITUNG

Den Grill für 200 °C direkte Hitze vorbereiten.

Parisienne in dünne Scheiben schneiden, mit etwas Rapsöl bestreichen und kurz auf den Grillrost legen, bis sich Grillspuren bilden. Anschließend mit einer halbierten Knoblauchzehe 2- bis 3-mal über die gerösteten Schnittflächen streichen, beiseitestellen.

FÜR DAS DRESSING

Knoblauch schälen und hacken. Mit Eigelb, Olivenöl, Aceto balsamico oder Zitronensaft, Sardellenfilets, Worcestersoße, Zucker und Dijonsenf aufmixen und mit Salz und Pfeffer abschmecken. 2–3 Esslöffel vom geriebenen Parmesankäse unterrühren.

Gesäuberte Salatherzen längs zerteilen, mit etwas Rapsöl bestreichen und auf den Grillrost legen, bis sich Grillspuren bilden. Den gegrillten Salat mit etwas Dressing überziehen, mit dem restlichen Parmesan bestreuen und mit den gerösteten Brotscheiben servieren.

TIPP

Das geröstete Brot kann ebenso gut zerbröselt über die Salatherzen gestreut werden.

CRAFT BEER

DAS PASST DAZU

HELL/LAGER

Charakter
feinwürzig, leicht,
vollmundig, mild

Alkoholgehalt
4,5–5,5 Vol.-%

VEGGIE STOCKBROT

stockbrot

Ein Muss, das auf dem Grill nicht fehlen darf. Es lässt sich in gemütlicher Runde zu einem Bier abzupfen und wegessen.

Temperatur: 250–300 °C, direkte Hitze | mit geschlossenem/offenem Deckel

ZUTATEN
(4 Portionen)

115 ml Milch
1 Pck. Trockenbackhefe (7 g)
400 g Weizenmehl
1 TL Zucker
1 TL Salz
2 EL Olivenöl

AUSSERDEM
4–8 frische Holzstöcke, z. B. vom
   Weiden- oder Nussbaum

ZUBEREITUNG

115 ml Wasser mit der Milch lauwarm erwärmen. In eine Schüssel geben und die Trockenbackhefe darin auflösen. Mehl, Zucker, Salz in einer großen Schüssel mischen. Hefemischung und Olivenöl zufügen.

Mit der Hand oder Küchenmaschine zu einem geschmeidigen Teig verkneten. Den Teig bestenfalls 8 Stunden, mindestens aber 4 Stunden zugedeckt in einer Schüssel gehen lassen.

Den Grill für 250–300 °C direkte Hitze vorbereiten.

Teig in 4 Portionen teilen und auf einer bemehlten Arbeitsfläche ausrollen, anschließend in Streifen schneiden und die Holzstöcke auf einer Länge von etwa 30 cm umwickeln. Nochmals mit etwas Mehl bestäuben. Weitere 10 Minuten gehen lassen.

Bei direkter Hitze auf dem Grillrost backen, dabei mehrfach wenden, sodass eine gleichmäßige Bräunung entsteht.

TIPP

Klein gehackte getrocknete Tomaten oder Oliven in den Teig einarbeiten. Dazu schmeckt die Kräuterbutter auf der nächsten Seite.

Kräuter
BUTTER MAL 3

Ob zum Stockbrot, Baguette oder einfach zum Toppen
von gegrilltem Gemüse: Kräuterbutter gehört dazu!

ZUTATEN
(4 Portionen)

125 g weiche Butter
etwas Fleur de Sel

VARIANTE 1
75 g Bärlauch, fein gehackt
Abrieb von 1 Bio-Limette

VARIANTE 2
5 eingelegte getrocknete
   Tomaten, fein gehackt
½ TL Piment d´Espelette

VARIANTE 3
½ TL Knoblauchgranulat
1 EL Petersilie, fein gehackt
1 EL Brunnenkresse,
fein gehackt
1 EL Kerbel, fein gehackt
1 TL Senf

ZUBEREITUNG

Die Zutaten der jeweiligen Varianten mit der zimmerwarmen Butter und
dem Salz vermengen, auf ein Stück Frischhaltefolie geben und zu einer
Rolle formen, die Enden zusammendrehen und kalt stellen.

Linsen
SALAT SPEZIAL

Superfood! Linsen sind gesund und, mit Kürbis und Mango zu einem Salat kombiniert, schmecken sie einfach fantastisch!

ZUTATEN
(4 Portionen)

100 g Beluga-Linsen oder
    Berglinsen
500 ml Gemüsebrühe
300 g Hokkaido-Kürbis
etwas Rapsöl
Salz und Pfeffer
½ Mango
1 EL Petersilie, gehackt

DRESSING
4 EL Rapsöl
2 EL Obstessig
1 TL Zucker
Salz und Pfeffer

ZUBEREITUNG

Linsen laut Packungsangabe in der Brühe garen, danach, vor der weiteren Verarbeitung, etwas abkühlen lassen.

Hokkaido waschen, Kerne und Innenfasern entfernen, das Fruchtfleisch in kleine Würfel schneiden und in etwas Rapsöl 5 Minuten anbraten, mit etwas Salz und Pfeffer würzen.

Mango schälen und fein würfeln. Mit Linsen, Kürbis und Petersilie in einer großen Schüssel vermengen.

Die Zutaten für das Dressing miteinander verrühren und über den Salat geben, 10 Minuten ziehen lassen, nochmals abschmecken und servieren.

TIPP

Wer's lieber etwas exotisch mag, ersetzt die Petersilie durch Koriandergrün.

CRAFT BEER
DAS PASST DAZU
KRISTALLWEIZEN
Charakter
weizenaromatisch, teilweise angenehm blumig oder fruchtig
Alkoholgehalt
4,5–5,5 Vol.-%

CRAFT BEER

DAS PASST DAZU

KÖLSCH

Charakter
teilweise angenehm blumig
oder fruchtig, angenehm
herb

Alkoholgehalt
4,6–5,1 Vol.-%

ORIENTALISCH GEFÜLLTE
süßkartoffeln

Mit Halloumi, Bulgur, Rosinen und Granatapfel gefüllt, verzaubern diese Süßkartoffeln wie die Geschichten aus 1001 Nacht.

Temperatur: 200 °C indirekt | mit geschlossenem Deckel

ZUTATEN
(4 Portionen)

4 mittelgroße Süßkartoffeln
  (je 300 g)
etwas Olivenöl
150 g Halloumi-Käse
250 g Bulgur
1 Glas Orangensaft
1 Handvoll Rosinen
1 Granatapfel
2 TL Zesten von 1 Bio-Orange
Olivenöl
2 EL Minze, gehackt
Salz und Pfeffer

ZUBEREITUNG

Den Grill auf 200 °C indirekte Hitze vorbereiten.

Süßkartoffeln waschen, mit ein paar Spritzern Olivenöl locker in Alufolie wickeln und etwa 30 Minuten bei geschlossenem Deckel auf den Grill legen. Der Halloumi kann zwischendurch mitgrillen. Sobald sich Grillspuren zeigen, wieder vom Rost nehmen und auskühlen lassen.

Bulgur gründlich waschen. Die zum Garen auf der Packung angegebene Wassermenge (oder Gemüsebrühe) zur Hälfte durch Orangensaft ersetzen. Bulgur entsprechend mit einer Handvoll Rosinen garen.

Den gegrillten Halloumi in kleine Würfel schneiden. Granatapfel auslösen. 2 Esslöffel von den Kernen, Halloumiwürfel und Orangenzesten mit dem Bulgur mischen, mit einem Spritzer Olivenöl, gehackter Minze sowie Salz und Pfeffer abschmecken.

Süßkartoffeln etwas ausdämpfen lassen, in der Alufolie längs zerteilen und etwas auseinanderklappen. Die Bulgurmischung darauf verteilen, die restlichen Granatapfelkerne dazureichen.

TIPP

Servieren Sie zu den gefüllten Süßkartoffeln einfach einen mit Salz und Pfeffer abgeschmeckten Dip aus Sauerrahm und gehackter Minze.

CRAFT BEER

DAS PASST DAZU

SCHWARZBIER

Charakter
röstaromatisch, leicht
malzaromatisch,
hopfenbitter, süffig

Alkoholgehalt
5,0–5,5 Vol.-%

VEGGIE SÜSSKARTOFFELSCHEIBEN

süßkartoffel SCHEIBEN
MIT KICHERERBSEN

Da tun sich ganz neue Geschmackserlebnisse auf! Gegrillte Kichererbsen auf gegrillten Süßkartoffelscheiben ... welch eine Offenbarung!

Temperatur: ca. 180 °C indirekt | mit offenem Deckel

ZUTATEN
(4 Portionen)

KICHERERBSEN
1 große Dose Kichererbsen (440 g)
1 TL Knoblauchgranulat
1 EL Olivenöl
1 TL Salz
½ TL geräuchertes Paprikapulver
½ TL gemahlener Zimt

DIP
200 g saure Sahne
2 Msp. geräuchertes Paprikapulver
1 Prise Piment d´Espelette
Salz und Pfeffer

SÜSSKARTOFFELN
1 kg Süßkartoffeln
80 ml Rapsöl
Rauchsalz

AUSSERDEM
etwas Koriandergrün

ZUBEREITUNG

Den Grill auf 180 °C indirekte Hitze vorbereiten.

FÜR DIE KICHERERBSEN
Kichererbsen in ein Sieb geben, abspülen und abtropfen lassen. Die abgetropften Kichererbsen mit Knoblauchgranulat und Olivenöl mischen. Salz, geräuchertes Paprikapulver und Zimt zufügen, alles vermengen und in eine größere Reine oder Auflaufform geben. Kichererbsen etwa 1 Stunde im Grill rösten, zwischendurch etwas bewegen.

FÜR DEN DIP
Inzwischen saure Sahne, geräuchertes Paprikapulver und Piment d´Espelette verrühren, mit Salz und Pfeffer abschmecken und ziehen lassen.

FÜR DIE SÜSSKARTOFFELN
Süßkartoffeln waschen und trocken tupfen, mit Schale in ½ cm dicke Scheiben schneiden, mit Rapsöl bestreichen und mit Rauchsalz würzen, dann im indirekten Bereich des Grills etwa 7 Minuten von beiden Seiten grillen, zwischendrin testen, ob sie gar sind.

Die fertig gegrillten Süßkartoffelscheiben mit den knackigen Kichererbsen und dem Dip servieren, mit Koriandergrün garnieren und genießen.

CRAFT BEER

DAS PASST DAZU

PILS

Charakter
ausgeprägte, feinherbe
Hopfenbittere, schlank

Alkoholgehalt
4,0–5,5 Vol.-%

VEGGIE *Burger*
TRIPLE CHEESE

Burger aus Halloumi und Kidneybohnen, dazu jede Menge Frisches, vegetarisch und sooo gut!

Temperatur: 180 °C direkt | mit offenem Deckel/Kontaktgrill

ZUTATEN
(4 Portionen)

SOSSE
200 g Cheddar
2 EL Mayonnaise
50 ml Milch
1 TL Ahornsirup
½ TL edelsüßes Paprikapulver

PATTYS
200 g Grillkäse, z. B. Halloumi
200 g Kidneybohnen (aus der Dose)
4 EL Panko oder Paniermehl
1 TL geräuchertes Paprikapulver
1 Ei
Salz und Pfeffer

100 g Pflücksalat
2 große rote Paprika
100 g Austernpilze
etwas Rapsöl
Salz und Pfeffer
4 Scheiben Schmelzkäse
4 helle Burger Buns (Brötchen)

ZUBEREITUNG

FÜR DIE SOSSE
Cheddar reiben, mit den anderen Zutaten in eine Metallschüssel füllen und im heißen Wasserbad erhitzen, mit dem Schneebesen glatt rühren.

PATTYS
Den Grillkäse reiben, Kidneybohnen in ein Sieb geben, gut abspülen und abtropfen lassen. Anschließend in eine Schüssel füllen und mit der Gabel fein zerdrücken. Grillkäse und restliche Zutaten hinzufügen und zu einer homogenen Masse vermengen. Mit Salz und Pfeffer abschmecken und 4 Burger-Pattys formen.

Den Grill auf 180 °C direkte Hitze vorbereiten.

Salat verlesen, waschen und trocken schleudern. Paprika achteln, entkernen und Trennwände entfernen, waschen und leicht flach drücken. Austernpilze putzen und nach Bedarf klein schneiden. Paprika und Pilze mit etwas Rapsöl marinieren, salzen und pfeffern und in einer Grillschale einige Minuten grillen.

Die Burger-Pattys je 4–5 Minuten von beiden Seiten mitgrillen, in der letzten Minute den Schmelzkäse auf die Pattys legen, die halbierten Burger-Brötchen ebenfalls mit anrösten.

Die Cheddar-Soße auf den Brötchen-Hälften verteilen, mit Grillgemüse, Salat und den Pattys aufschichten.

CRAFT BEER

DAS PASST DAZU

HELL/LAGER

Charakter
feinwürzig, leicht,
vollmundig, mild

Alkoholgehalt
4,5–5,5 Vol.-%

Zucchini BOMBEN
MIT ALIGOT

Bomben, die friedlicher nicht sein können! Mit einer Kartoffel-Käse-Masse gefüllt, sind sie richtige kleine Sattmacher.

Temperatur: 220 °C direkt | mit geschlossenem Deckel

ZUTATEN
(4 Portionen)

250 g Bergkäse
20 g Butter
2 EL Crème fraîche
500 g mehlig kochende Kartoffeln
etwas Muskat, frisch gerieben
Salz und Pfeffer
4 runde Zucchini

ZUBEREITUNG

Käse reiben, Butter und Crème fraîche bereitstellen.

Kartoffeln schälen, in leicht gesalzenem Wasser weich kochen, kurz ausdämpfen lassen. Den Grill für 220 °C direkte Hitze vorbereiten.

Die noch heißen Kartoffeln mit Butter, Käseraspeln und Crème fraîche in eine Schüssel geben und mit dem Handmixer glatt rühren. Mit etwas Muskatnuss, Salz und Pfeffer abschmecken. Abgedeckt warm halten.

Von den Zucchini den Deckel abschneiden und aushöhlen. Mit der Kartoffel-Käse-Masse bis knapp unter den Rand füllen.

Die gefüllten Zucchini in einer feuerfesten Form eng aneinandersetzen und bei geschlossenem Deckel etwa 30 Minuten grillen, bis die Masse oben austritt und leicht bräunt. In den letzten Minuten die Zucchini-Deckel direkt auf den Rost legen und mitgrillen. Zum Servieren wieder auf die gefüllten Zucchini setzen. Nach Belieben mit Kräutern garnieren.

SWEETS

»VERSUCHUNGEN
sollte man nachgehen.
Wer weiß, ob SIE wiederkommen.«

Oscar Wilde

CRAFT BEER

DAS PASST DAZU

EISBOCK

Charakter
malzige Süße

Alkoholgehalt
(>7) 8,6–14,3 Vol.-%

SWEETS GRILLAPFEL-KOMPOTT

Grillapfel
KOMPOTT

Ein herrliches Winterdessert und eine gute Alternative zum Bratapfel. Wer mag, kann dazu Vanillesoße servieren.

Temperatur: 200 °C direkt | mit geschlossenem Deckel

ZUTATEN
(4 Portionen)

1 Schuss Orangensaft
1 Zimtstange
2 TL Zucker
1 Handvoll frische Cranberrys

50 g Butter
8 aromatische Äpfel, z. B. Cox
 Orange oder Elstar
Saft und Abrieb von 1 Bio-Zitrone
1 TL gemahlener Zimt
1–2 EL brauner Zucker
2 EL Calvados

AUSSERDEM

1 Grillschale

ZUBEREITUNG

Orangensaft, Zimtstange und Zucker in eine Pfanne geben und erhitzen, bis der Zucker sich vollständig aufgelöst hat. Canberrys zufügen, kurz köcheln, bis sie aufplatzen, dann die Pfanne beiseitestellen und das Ganze abkühlen lassen.

Den Grill für 200 °C direkte Hitze vorbereiten. Butter in einem kleinen Topf auf dem Rost zerlassen.

Äpfel waschen, schälen, vom Kerngehäuse befreien und achteln. Apfelstücke mit der flüssigen Butter, Saft und Abrieb der Zitrone und Zimt in einer großen Schüssel mischen.

Marinierte Apfelstücke in einer Grillschale etwa 20 Minuten grillen. Zum Schluss mit braunem Zucker bestreuen, mit dem Calvados übergießen und kurz flambieren.

Äpfel und Cranberrys mischen und z. B. in ein Einmachglas füllen oder nach kurzer Abkühlzeit gleich servieren.

TIPP

Zum Servieren das Kompott mit gerösteten Nüssen bestreuen.

CRAFT BEER

DAS PASST DAZU

WEISSBIER +
CASCADE

Charakter
weizen- und hopfenaroma-
tisch, fruchtig, frische
Hefenote, Citrusaroma
Alkoholgehalt
4,0–5,5 Vol.-%

GEBRANNTE
Creme
MIT SALZMANDELN

> *Da wird jeder schwach. Am besten vor dem Hauptgang grillen, da die Creme noch zwei Stunden abkühlen muss.*

Temperatur: 140 °C indirekt | mit geschlossenem Deckel

ZUTATEN
(4 Portionen)

2 TL Salz
1 Handvoll Mandelkerne
200 ml Milch
1 TL feiner Abrieb von 1 Bio-Orange
60 g weißer Zucker
Mark von 1 Vanilleschote
300 g Sahne
4 Eigelb
60 g brauner Zucker

AUSSERDEM
1 Grillschale

ZUBEREITUNG

Salz in 200 ml Wasser auflösen und die Mandeln darin einweichen.

Milch mit Orangenschale, Zucker und Vanillemark kurz aufkochen, vom Herd ziehen, etwas abkühlen lassen. Sahne und Eigelb zufügen. Alles mit dem Schneebesen verquirlen, 10 Minuten stehen lassen.

Den Grill auf 140 °C indirekte Hitze vorbereiten.

Die Masse auf 4 flache ofenfeste Förmchen verteilen und diese in einen Bräter mit heißem Wasser stellen, sodass diese zur Hälfte eingetaucht sind.

Mandeln abgießen, in eine Grillschale geben und zusammen mit dem Bräter auf den Grillrost stellen, den Deckel schließen. Nach etwa 50 Minuten sollte die Masse gestockt sein. Die Schälchen in den Kühlschrank stellen und 2 Stunden auskühlen lassen. Die Mandeln hacken.

Die Creme mit braunem Zucker bestreuen und mithilfe eines Bunsenbrenners zum Schmelzen bringen. Mit den gehackten Salzmandeln bestreuen und servieren.

KAISER *schmarrn*

MIT CRANBERRY-SOSSE

> *Wie heißt es so schön? Essen soll zuerst einmal das Auge erfreuen. Das tut der Kaiserschmarrn, wenn er vor den Gästen auf dem Grill zubereitet wird!*

Temperatur: 200 °C indirekt | mit geschlossenem Deckel

ZUTATEN
(4 Portionen)

CRANBERRY-SOSSE
1 Bio-Orange
100 g Zucker
250 g frische oder TK-Cranberrys
ggf. 1 TL Speisestärke

KAISERSCHMARRN
200 ml Milch
5 Eier
120 g Mehl
1 TL Abrieb von 1 Bio-Zitrone
Salz
3 EL Zucker
50 g Butterschmalz
etwas Puderzucker

50 g dunkle Schokolade

AUSSERDEM
1 feuerfeste Pfanne

ZUBEREITUNG

FÜR DIE CRANBERRY-SOSSE
Orange waschen und trocken reiben. Schale abreiben und den Saft auspressen. Saft und Schale in einem Topf erhitzen, Zucker und Cranberrys zufügen und kurz aufkochen. Die Stärke in Wasser auflösen und unterrühren. Vollständig auskühlen lassen.

FÜR DEN KAISERSCHMARRN
Milch, 2 ganze Eier, Mehl, Zitronenschale und 1 Prise Salz glatt verrühren. Restliche Eier trennen. Eiweiß und 2 Esslöffel vom Zucker halb steif schlagen. Eischnee, Eigelb und den Mehl-Mix vorsichtig miteinander vermengen, 10 Minuten ruhen lassen.

Inzwischen den Grill auf 200 °C indirekte Hitze vorbereiten.

Eine Eisenpfanne auf den Rost stellen, Butterschmalz erhitzen und die Teigmasse hineingießen. Bei geschlossenem Deckel etwa 15 Minuten backen. Anschließend den Teig mit 2 Gabeln in Stücke zerteilen, mit dem restlichen 1 Esslöffel Zucker bestreuen und nochmals 5 Minuten backen.

Zum Servieren mit Puderzucker bestäuben. Grob gehackte Schokolade unter die Cranberry-Soße mischen und dazureichen.

TIPP
Eine zusätzliche Kugel Eis macht sich zu einem Kaiserschmarrn immer gut.

CRAFT BEER

DAS PASST DAZU

BOCK, DUNKEL

Charakter
vollmundig, malzbetont,
feine Hopfennote

Alkoholgehalt
6,0–8,0 Vol.-%

Maronen CREME

> *Winterzeit ist Maronenzeit. Wenn Sie also ein winterliches Grillvergnügen planen, vergessen Sie nicht, ein paar Handvoll Maronen mitzugrillen.*

Temperatur: 200 °C direkt | mit geschlossenem Deckel

ZUTATEN
(4 Portionen)

300 g Maronen (Esskastanien, mit Schale)
Mark von 1 Vanilleschote
200 g Sahne
2 EL Puderzucker
4 EL Irish Cream Sahnelikör

AUSSERDEM

1 Grillschale oder Grillkorb

ZUBEREITUNG

Den Grill für 200 °C direkte Hitze vorbereiten.

Maronen gut waschen, kreuzweise einritzen und für etwa 25 Minuten in einer Grillschale oder einem -korb grillen. Ab und zu mit etwas Wasser besprühen und hin und her bewegen.

Die gegarten Maronen schälen, noch warm in eine hohe Schüssel füllen und unter Zugabe von etwas Wasser und dem Vanillemark mit dem Mixstab schön glatt pürieren.

In einer anderen Schüssel die Sahne sehr steif schlagen, Puderzucker untermixen. Mit einem Kochlöffel und unter Zugabe vom Likör die beiden Massen miteinander vermengen, ggf. nachsüßen. In Gläschen füllen und kalt stellen.

TIPP

Wenn Kinder mitessen, kann der Likör einfach weggelassen werden.

CRAFT BEER

DAS PASST DAZU

BOCK, DUNKEL

Charakter
vollmundig, malzbetont,
feine Hopfennote

Alkoholgehalt
6,0–8,0 Vol.-%

I DID MY BEST

Marshmallow SPIESSE

> *Für Kinder und alle, die Marshmallows lieben,*
> *sind diese Spieße ein absolutes Muss.*

Temperatur: 200 °C direkt | mit geschlossenem/offenem Deckel

ZUTATEN
(4 Portionen)

500 g frische Erdbeeren
50 g dunkle Schokolade
16 Marshmallows (in mund-
 gerechter Größe)
8 Holz- oder Metallspieße
1 Handvoll Basilikum- oder
 Minzeblättchen

AUSSERDEM

1 Grillschale

ZUBEREITUNG

Den Grill für 200 °C direkte Hitze vorbereiten.

Erdbeeren putzen, vorsichtig waschen und trocken tupfen. Dunkle Schokolade klein raspeln.

Marshmallows in einer Grillschale bis zum gewünschten Bräunungsgrad rösten, vom Feuer nehmen und etwas abkühlen lassen.

Die gerösteten Marshmallows abwechselnd mit frischen Erdbeeren und Kräuterblättchen aufspießen und in geraspelter Schokolade wälzen.

TIPP

Anstatt die Spieße in Schokoraspeln zu wälzen, können sie auch mit Ahornsirup besprenkelt werden.

REGISTER

REGISTER

DIE *Bierexperten*

|PROF. DR. VLADIMIR ILBERG|

war mehrere Jahre im Bereich Getränkeschankanlagen tätig und hat hier auch Schulungen für die Industrie durchgeführt. Während seiner Tätigkeit als Betriebsberater am Forschungszentrum Weihenstephan für Brau- und Lebensmittelqualität verkostete und bewertete er jährlich etwa 3.000 bis 4.000 Biere aus der ganzen Welt. Heute lehrt er an der Hochschule Weihenstephan-Triesdorf unter anderem das Verständnis und die Verkostung von einer Vielzahl an Getränken, wie Bier, Kaffee, Tee oder auch Whisky und Rum. *(www.hswt.de)*

|PROF. DR. JEAN TITZE|

war mehrere Jahre als Betriebs- und Unternehmensberater tätig. In Irland leitete er die Brauerei der National University of Ireland, wo er unter anderem Craft-Biere im Auftrag der Elbow Lane Brewhouse Ltd. entwickelte, braute und deren Vertrieb unternehmerisch beriet. Heute lehrt er an der Hochschule Anhalt unter anderem Brautechnologie und Lebensmittelrecht. Darüber hinaus ist er als sensorischer Sachverständiger und Verpackungsprüfer für die Deutsche Landwirtschafts-Gesellschaft e.V. tätig. *(www.hs-anhalt.de)*

Gemeinsam starten sie im August 2018 einen multidisziplinären Braukurs für Craft-, Micro- und Gasthausbrauer an der Hochschule Anhalt. *(www.brewing-course.de)*

NOCH MEHR TOLLE *Bücher*

Ja, ich grill! – Vegetarisch
50 Rezepte zum Niederknien
20,00 € (D), 20,60 € (A)
978-3-86355-885-7

Ja, ich grill! – Beilagen
Salate, Dips, Gemüse und
mehr zum Niederknien
9,99 € (D), 10,30 € (A)
978-3-86355-715-7

Ziemlich beste Burger
Beef-Klassiker, Pulled
Chicken, Sushi-Style & mehr
15,00 € (D), 15,50 € (A)
978-3-86355-929-8

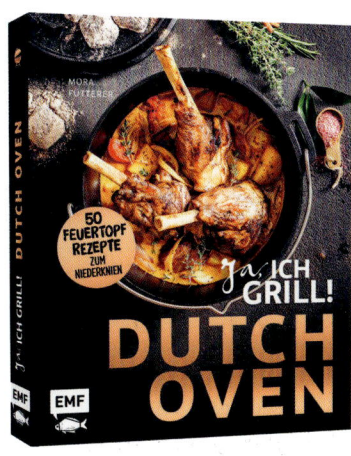

Dutch Oven – Ja, ich grill!
50 Feuertopf-Rezepte zum
Niederknien
22,00 € (D), 22,70 € (A)
978-3-96093-271-0

Über 70 Saucen
Für Fisch, Fleisch, Gemüse,
Nudeln, Salat, Dessert und
mehr
15,00 € (D), 15,50 € (A)
978-3-96093-133-1

Meat Academy
Alles über gutes Fleisch:
Grundlagen, Praxis, Rezepte
36,00 € (D), 37,10 € (A)
978-3-96093-143-0

ÜBER DEN *Autor*

Als Autor, Rezeptentwickler und Foodfotograf dreht sich im Leben des gebürtigen Westfalen alles rund ums Thema Essen. Das Grillen wurde dabei eine seiner großen Leidenschaften, die er auf seinem Münchner Balkon auslebt!

Danke

Mein Dank gilt dem gesamten Team des EMF Verlages, insbesondere meiner Redakteurin Juliane Rottach, die mich mit Herz und Kompetenz auch bei diesem Projekt vorbildlich unterstützt hat. Danke auch an Herrn Peter Kovacs von der Firma OUTDOORCHEF für das unkomplizierte Sponsoring, meine Lektorin Annerose Sieck für den akribischen Blick auf die Texte und Michaela Zander für das wunderschöne Layout des Buches. Danke auch an Vladimir Ilberg und Jean Titze, die uns mit ihrem Fachwissen zum Thema Bier tatkräftig unterstützt haben.

IMPRESSUM

Bibliografische Information der Deutschen Bibliothek.

Die Deutsche Bibliothek verzeichnet diese Publikation in der Deutschen Nationalbibliografie. Detaillierte bibliografische Daten sind im Internet über http://www.dnb.de/ abrufbar.

EIN BUCH DER EDITION MICHAEL FISCHER

3. Auflage 2019

© 2018 Edition Michael Fischer GmbH, Donnersbergstr. 7, 86859 Igling

Covergestaltung, Layout und Satz: Michaela Zander
Redaktion und Lektorat: Annerose Sieck, Neumünster
Produktmanagement: Juliane Rottach
Texte S. 22–25: Prof. Vladimir Ilberg
Texte S. 26–29: Prof. Jean Titze (Quellen: Franz Meußendoerfter, Martin Zarnkow, 2014: Das Bier - Eine Geschichte von Hopfen und Malz, C.H. Beck, München; Moritz Gretzschel, 2015: Das Reinheitsgebot ist tot - lang lebe das Reinheitsgebot. Brau!magazin, Frühjahr 2015.; Deutscher Brauer-Bund e.V. (Hrsg.), 2018: Neuer Trend, bewährte Biere: Craft, URL: http://www.reinheitsgebot.de/startseite/biervielfalt/craftbier/)
Fotografie: Guido Schmelich, Holzkirchen b. München
Porträt S. 172: Katrin Bernhard, Neufahrn
Porträt S. 173: Thorsten Seidl, Nieder-Olm
Illustrationen: Leeloo Molnár, S. 12-13; Nelli Braun, S. 13, Kontaktgrill; Pia von Miller, S. 16, S. 24-25; Biergläser: © Marish/Shutterstock; © Olha Polishchuk/Shutterstock; © Berezka_Klo/Shutterstock; Schwarzer Untergrund: © Best Pix/Shutterstock; Grill auf Buchrücken: © Meilun/Shutterstock

ISBN 978-3-86355-978-6

Gedruckt bei Polygraf Print, Čapajevova 44, 08001 Prešov, Slowakei

www.emf-verlag.de